他[illegible]很厲害，但我無敵可愛！

薩曼莎·馬特 Samantha Matt——著

閻翊均——譯

Chapter 4

我們平淡無奇的愛情

Chapter 5

社群媒體的假象

Chapter 6 為何我們會覺得自己一無所成？

各界推薦

「這本書像在生活中茫然漂泊時遇到的一座燈塔。平凡有時候是一件很幸福的事，有時候又會讓人焦慮不安。感覺自己不足、總是不自覺去比較、對人生感到喪志的時候，這本書輕鬆地講了一些故事，在故事中藏了很多實用又精準的想法，好讓你釐清自己該專注在什麼地方。」

——Luckylulu，圖文作家

「成功不等於幸福，甚至有人為了得到成功，犧牲寶貴的幸福，包括健康。成功但不幸福，這種成功有什麼意義？平凡人也可以有平凡人的幸福，依舊可以享受人生。我一直嚮往平淡簡單的生活，這就是我心目中如假包換的幸福！」

——洪仲清，臨床心理師

「有一次，我上了一堂創業課，導師要大家寫下自己的優勢，我寫下的第一條是『我很平凡又普通』，導師不斷鼓勵我一定要看見自己的天賦和專長，殊不知……我真心覺得『平凡又普通』就是我最大的天賦。如果這本書早一點出現，我應該可以更快了解這件事！」

——聰明主婦，聰明主婦の生活投資學創辦人

「如果用一句話幫這本書總結，就是我們總算等到一本教我們如何安心當個平凡人的書了。這本書不是心靈雞湯，而是用大白話的告訴我們：其實你真的沒有不好，你只是該擁抱自己的平凡，與大家共勉。」

——黃揚名，輔仁大學心理學系副教授

「本書作者提出了一個長期以來被忽視，對當代人來說卻值得省思的觀點。在這個過度強調『出頭天』的社會裡，相信本書能帶給許多人喘息空間與重新往內整理自己的機會。」

——蘇益賢，臨床心理師

「本書充滿了鼓舞人心的誠摯文字。作者為你帶來最真誠的提醒：當你覺得自己很平凡時，你其實就是個超讚的人。」

——梅瑞迪絲·顧斯坦，《情不自禁：一位現代建議諮詢專欄作家的教訓與自白》作者

「這本書極有趣又極為誠實，你必定會喜歡這本書，並對書中描述的各種狀況產生共鳴。《他們很厲害，但我無敵可愛！》將能緩解你時常感受到的焦躁不安，讓你理解平凡並不代表失敗。平均意味著你做得很好。薩曼莎·馬特在本書中不但提供了許多建議，也穿插了一些有趣的個人故事，閱讀本書的感覺就像是和一位親密的朋友共度午後時光，這位朋友將會幫助你改正與改變你的生活。」

——珍．葛蘭茲，《永遠的（出租）伴娘》和《你最意想不到的時候》作者

「薩曼莎．馬特幾乎解決了所有困擾我們的問題。更棒的是，她用聰明、機智又溫暖的建議提供了可行的解決方案。」

——漢娜．奧倫斯坦，《玩火柴》和《一戀鍾情》作者

「薩曼莎．馬特的《他們很厲害，但我無敵可愛！》在我生命中最正確的時刻引起了我的共鳴。這本書既機智又好讀——我猜這代表我是個普通人。但你知道嗎？看完薩曼莎的書之後，我覺得就算我是個普通人，也沒關係！」

——查理．法姆，《巴比倫的末班車》作者

「對於社群媒體世代來說，本書對生活的看法有趣又令人耳目一新。太多人喜歡用不可能的標準要求自己了，感謝薩曼莎總是立刻提醒你不需要這麼做。」

——莎拉．所羅門，《酪梨醬和我都棒透了》作者

推薦序
讓我們一起看見平凡的美好

詹亦筑

從小，我就是個在家人眼中長相平凡的女孩，學業方面也不出色，時常因為粗心大意而被扣分，所以一直都不是一個很有自信的人。然而，只有唱歌是唯一能讓我感到自信的時刻，但這種至少還有一點小確幸的情形，持續到我國中時期至校外參加歌唱比賽、聽到其他參賽者的唱功後就停止了。那時我才發現自己「原來就連唱歌也不怎麼樣」。

或許這就是每個人長大都會經歷的過程吧。但是坦白說，對一個沒多少自信、內心又敏感的青少女來說，真的挺難過的。

於是，我就這樣缺乏自信直到我和第一個追求我、我也不討厭他的男生談戀愛。想當然耳，我在戀愛中與男朋友的關係，也因為缺乏自信害怕被拋下，使我成為比較渴求關注的那一方，在我們吵架、分手時，我也總是那個更受傷的人。現在回頭想想，這或許也是因為我總是只看見自己的平凡，始終缺乏自信所致。

《他們很厲害，但我無敵可愛！》是一本心理勵志書，作者薩曼莎．馬特以幽默、輕鬆的語調分享了自己在不同人生時期、不同層面的「平凡」人生故事，更藉由描述她一次次從低潮到轉念、奮起的過程中，讓讀者了解到「平凡不只不是錯，而且還真的很不錯」。

此書除了最後一章的總結外，前五章分別講述了人們在「職場／財務」「社交／朋友圈」「身材體態」「感情」及「社群媒體」這五種我們在日常生活中一定會碰到、且最容易與他人比較的地方，也是我們最容易感到不如人而焦慮、失去自信的部分。

在此，我想推薦大家一起閱讀這本書，它或許能夠幫助缺乏自信的讀者，梳理並轉變自己感到「平凡」而失去自信的狀況，它或許能讓讀完這本書的你大聲地告訴自己：「平凡很正常！」

這本書最可愛，也讓我感到最有參考價值的地方是，作者在書中提出了許多由個人經歷所延伸出的「人生建言」，使得身為讀者的我因為有強烈共鳴而頻頻點頭，更因其幽默的敘述方式而頻頻發笑。

老話一句：「這世界上不存在完美的人。」相信所有讀者都知道自己不是完美的，也曾因為自己的「平凡」「不足」而感到失落過，但我們千萬別因為某些每個人都有、只是你沒看見的事情，而失去自信的光芒。

（本文作者為ＩＧ人氣書評家、「詹奇奇—@77reading」版主。）

前言
救命，我很普通

小時候我做過最成功的一件事，就是參加舞蹈班的課程。

我沒有在跟你開玩笑。

我房間的白色書桌最上方擺著一排閃閃發光的獎盃、獎牌和獎章，全都是因為我參加了課程、比賽與舞蹈表演而獲得的。

「你一定超會跳舞的吧。」我的許多朋友都會在看見這些獎盃時這麼說，這些獎盃證明我獲得了認可。朋友來家裡時，我媽媽常會要我別把朋友帶到我位於樓上的髒亂臥室，但我總是忽略她的勸告。那個時代還沒有Instagram，我沒有地方能分享這個輝煌的神聖之地，我必須讓朋友知道我有多厲害。我很成功！我是個贏家！我已經上好幾年的舞蹈課了，始終沒有放棄！

是啦，雖然這些獎項常會讓人覺得我是個天賦異稟的舞者，但讓我們面對現實吧。我在舞蹈教室裡屬於中階的舞者表演組，幾乎每次都被安排在最後一排。而且原因絕不是我比較高。打從我有記憶以來，我的身高就一直都是一五七公分。原因也不是我跳舞沒有其他人好。但——我是跳得不差啦，至少我進了舞者表演組。我在最後一排就只是因為我很……不起眼。

我是個普通人。

中等體型。這代表我的醫師每次都說我的BMI已經「過重」了，只要再多吃幾個點心就要進入「肥胖」的範圍。

不上不下的學業表現。這代表我的高中平均等級分數（GPA）是很不錯的三點二，但沒有好到學校會寫信給家長。

不出眾的外貌。在國二時曾有一位男性友人告訴我：「有時候，你看起來真的很漂亮，但只是有時候。」

平淡的戀愛史。同樣國二時，我有過兩周的戀愛關係、獨自參加國中的舞會，在十七歲時第一次有了初吻，並在十九歲時找到了真正的男朋友。

不算精采的社交生活。我在高中不屬於「最潮」的那個小圈圈，但我還是參加過幾次在同學家舉辦的派對、在樹林裡的聚會以及在停車場的灌酒狂歡趴。就連壞女孩都不會注意到我在吃午餐時坐的那張桌子，我們這一桌都不是「酷女孩」「書呆子」「運動員」或「性感的樂團怪胎」。我們只是一群平凡的女生，過著平凡的生活，吃著相當平凡的午餐。唯一的例外就是我在某一年，突然決定每天只吃一個貝果當作午餐，並認為這會是件很健康的事。只吃一個貝果，還有一罐販賣機買的草莓口味的水果國度（Fruitopia）果汁。我很確定這頓午餐對我的BMI大有助益。

但那時，我不想永遠當個普通人，也不知道我這輩子都會是個普通人。我心底仍然覺得自己是特別的。我的祖父母總是這麼告訴我：「你是獨一無二的孩子！你超棒的！」只要我走進他們家裡，就會收到源源不絕的讚美洗禮。就算是在我們家，我爸爸也會每天告訴我：「你是全世界最漂亮的女孩！」不過，我媽媽並沒有配合他們。她不希望我的自尊過度膨脹，她不希望我把期望設得太高再因此失望。所以，我知道我必須採取行動：我必須離開家，向那些認為我超棒的人證明他們很有眼光，也向那些不相信的人證明他們錯了。

於是，我踏上了一段漫長的旅程，開始透過他人的認可來證明自己。我工作了好幾年，把自己累得像條狗，直到在某天突然發現我的成年人生已經陷入困境，不但一座獎盃都沒有，也不知道我能否抵達我想去的地方。而我原本以為，我天生就屬於那些地方。

不過，我想要過上的是哪一種人生呢？嗯，我想過上能讓父母引以為傲的人生；能讓同儕羨慕的人生；能在網路上獲得「讚」和「留言」作為喝采的人生；能讓我在檢視這個社會植入我腦海中的清單時，可以把所有人生目標都打勾的人生。

我在二十多歲接近三十歲的某一天，仔細地檢視了我的人生。對我來說，這段人生依舊乏善可陳。我因為多年的學校教育在一間好公司獲得了一份好工作，但我賺的錢沒有預想的那麼多，我獲得的認可也沒有達到原本的預期。我正在談一段認真的長期戀情，對象是個好人，我沒有打算結婚，也沒有做好生小孩的準備，但我已經超過過去覺得該結婚和生小孩的年紀。我有些常見面的朋友，但我原以為我會有更多這樣的朋友，因此我常會很焦慮地想著：「每個人都不爽我」或「大家都不喜歡我了」。從我的BMI指數看來，我仍然超重，雖然距離肥胖比較遠，但我原以為在培養了健康的生活型態後，我的BMI會遠低於這個數字。

但是，我的人生出了什麼錯？為什麼我沒有獲得《富比士》(*Forbes*)「三十歲以下三十名菁英」的認可？為什麼我在自認應該生小孩的年齡，卻還沒有小孩？我體格適中又強壯且對外表滿意，卻有一個只考量身高與體重的愚蠢算式，告訴我該擁有何種體態？為何我活得如此平凡？

我的人生沒有什麼不對。早上起床、上班工作、支付帳單、有朋友也有愛人。如果我在論及這些事物時沒有達到成人版的「全班第一」的話，要該死的怎麼辦？如果沒有人告訴我，我的人生過得超讚的話，要該死的怎麼辦？其實，我已經做得夠好了。不，我做得超棒。

平凡真的很糟嗎？

「平凡很糟」是這個社會授予我們的概念。我們都覺得自己是特別的，我們都覺得自己很重要。只要這個社會沒有用引人注目的方式，認可我們的才能，我們就會覺得自己失敗了。成功與失敗之間沒有中間值。若非轟動世界的成功，就是令人沮喪的失敗。

會出現這種心態，有很大一部分是自戀狂潮帶來的結果，人人都對於自己的生活抱持著不合理的過高期待。根據研究指出，在一九五〇年代有一二％的大學生認為自己是重要的，到了一九八〇年代，比例上升到了八〇％。這些人——以及他們的父母，不但覺得他們很重要又值得最好的一切，而且他們完全無法接受自己的表現不如其他同儕亮眼。

有些人會為了鶴立雞群而付出額外努力，他們把生活中比較平凡的部分隱藏起來，不告訴周遭朋友，也不會表現在社群媒體上，而許多這麼做的人變得愈來愈抑鬱。賓州大學（University of Pennsylvania）的研究顯示，社群媒體是這種狀況的根源。研究者寫道：「你很容易在觀察其他人的生活時，覺得所有人的生活都比你的更酷或更好，在Instagram上尤其如此。」當人們覺得所有人的生活都比自己更好的時候，很容易認為自己的狀況低於平均值，但同時又覺得自己理應是個特別的人。

追求完美的執著，使得人們相信「平凡」是一種侮辱，是一種等同失敗的狀態。畢竟對於相信自己很重要的人來說，當然會在這個世界不把他們當成重要人物時，感到挫折。

問題在於，人們忘記了人生還有一種東西，叫做「快樂的平凡生活」。失敗與成功之間並非空無一物，我把這兩者之間的中間值稱作「平凡」。當個普通人有什麼不對的地方嗎？

身為普通人，代表你曾經失敗，但不代表你無法獲得任何成功，更不代表你不能追求更多成功。平凡，代表你可能和其他人一樣，代表你已經做得很不錯。

如果人生是一場測試，會有老師替我們打分數的話，「平均值」或許是最接近完美的分數。這是因為多數人都覺得自己是普通人。這可是大實話，對吧？對於我這種從小獲得許多參加獎、聽了許多認可我的言詞，並在後來（社群媒體問世之後）得到許多讚美符號的人來說，這句話再真實不過了。當這個社會不再頒發參加獎給我時，我開始覺得自己或許是失敗了。當認可我的言詞愈來愈少，我開始感到沮喪。當認可我的符號變得不再足夠，我開始刪除各種貼文。這是因為認可對我來說已經不夠了。我需要更多。

但其實，我根本不需要鳥那些東西。普通人是很正常的存在。普通人就是最棒的。順帶一提，我是薩曼莎，親愛的讀者你好，我將會在這本書中，向你解釋平凡為什麼是最棒的。

這本書，其實是屬於我們這些普通人的宣言。這本書呼籲我們擁抱平凡，呼籲我們別再藉由他人的讚美來認可自己的存在，呼籲我們意識到，就算你現在身處的位置和原本設想的不一樣，你也無需擔心。

與此同時，這本書不會建議你拋棄夢想，或就此停留在你目前所處的位置。

但是，如果你願意為現在的自己而活（而不是為了數年後的自己而活），或許你會意識到，你在目前所處的位置其實是很快樂的。畢竟，無論接下來人生會通往何處，你都一樣可以開心地享受這段旅程。

Chapter 1

平凡不代表不成功

當我們在工作與財務能力上表現平平

Average Doesn't Mean Unsuccessful

... and other thoughts about being mediocre at work and money

讚頌唾手可得的夢想

我下了計程車，抵達曼哈頓市中心。我的目光穿過熙熙攘攘的人群，看見我正在尋找的那棟壯觀建築。那是一棟摩天大樓，高到我必須壓迫我的脊椎神經，才有可能在仰頭時看到最高點。

我閉上眼、握緊拳頭，在心中告訴自己，就是現在。我有一種預感，我一定會錄取這份工作。

這是我夢寐以求的電視臺工作。我盡力擺出了「我一定會成功！」的表情，往巨大的玻璃門走去。

一踏進這棟大樓裡，我的信心立刻動搖了。在我面前有一大群人，每個人都在往不同的方向前進，我只是想要走到櫃臺，但感覺上卻像是在玩小精靈遊戲[1](Pac-Man)——我就是那個小精靈，其他人全都是要追殺我的鬼魂。

我開始心想這裡或許不適合我。雖然我不是來自小城鎮的女孩，但或許我是個適合小公司的女孩。我過去從沒有進過這種大型公司，這裡有依照樓層區分的好幾部電梯，每部電梯前面都有一名保全人員在確認員工名牌。我迄今為止的四次工作經驗，都是在小型公司與中型公司當實習生。我認識（至少認得）每天會在辦公室見到的多數人，他們也認識或認得我。我真的適合這麼龐大的公司嗎？我會不會被這間公司生吞活剝？

我最後還是穿越人潮走進電梯，抵達面試辦公室所在的樓層。我在時髦的等候室等待面試時，一位員工正好經過，我們小聊了一下。一番閒談後，我問他進公司多久了。

他回答：「喔，我自從學生時期錄取這裡的研究生計畫之後，就一直工作到現在了。我不知道你有沒有聽說過這個計畫。我其實滿意外他們面試了計畫外的求職者，沒有直接雇用研究生計畫裡的人。你運氣很好。」

我心裡一沉。

我之前申請過他說的計畫，但我沒有被選上。我開始思考，如果我因為太過

1 編按：《小精靈》是一款由南夢宮製作的大型電玩遊戲，一九八〇年五月在美國發行。

平庸而沒辦法進入研究生計畫的話，我憑什麼能錄取這份工作呢？我愈來愈恐慌，甚至覺得一開始就不該來這裡。

我是不是為平凡的自己設下了過高的期待值？

對於我這種普通人來說，我的夢想是不是太過不切實際？

或許正是因為這些事情根本不會在現實生活中發生，所以人們才把這種事稱作夢想？

我接受了面試。面試主管提了一些問題。

我回答了這些問題。一切都進行得無比順利。接著我就回家了。

我沒有錄取這份工作，但我一點也不意外。我在數周後的一個早晨接到那間公司的人資部寄來的電子郵件。我閉上眼睛，握緊拳頭，就像我在數周前的寒冷十一月天抵達那間公司時一樣。然後我點開電子郵件，看見結果：沒有錄取。這就是我一直在等待，但我卻不知道自己在等待的結果。

普通人也可以擁有夢想

一開始，我不斷責怪自己。如果我能表現得更好一點呢？如果我能在履歷上列出更多實習內容呢？如果我能表現出更願意無償工作呢？

如果我不是個該死的普通人的話，我會不會錄取？

但接著我意識到——這不是我的錯。

我沒有錄取，並不是因為我表現得不夠好。我沒有錄取，是因為有其他人表現得比我更好。而且身為普通人並不代表我無法達成夢想。身為普通人，代表的是我正走在實踐夢想的道路上——我將會不斷追逐，並抵達我注定會抵達的目標。

我知道，**就算沒有錄取我特別想要的工作，我仍然可以擁有夢想**。我也知道，就算我的夢想永遠都沒有成真，也不代表我是個糟糕的人。我很自豪，我至少曾經接受過面試。雖然我沒有錄取那份工作，但我已經夠好了，我知道終究會有某個人願意給我這樣的普通人一個機會。

等等，先別把書闔上！我還沒說到結局。

我繼續追逐在電視臺工作的夢想，努力工作幾年後，我做到了，我真的進入電視臺工作了！但是，我過得不快樂。儘管我確實達成夢想，但感覺卻不像。電視臺的工作一點也不有趣，這裡的人也不會讓我想要每天早上都衝進辦公室工作。是哪裡出錯了呢？

我開始思考，我一開始為什麼會這麼想要實現這個夢想？是因為達成這個夢想能向其他人證明我的個人例外論[2]嗎？是因為這個夢想能展現我美好的生活風格嗎？是因為這個夢想能讓我比其他同儕更早攀升到「超越普通人」的地位嗎？無論原因為何，這個夢想都不適合我，我必須接受這個事實。

我花了太長一段時間想要鶴立雞群，想要證明我不是普通人，並為了在某個年齡之前達成夢想而給自己許多壓力。我擔心身為普通人會使我在職場中的權益受損，我必須立刻證明自己的價值，否則普通人這個身分將會成為我在職場上的負擔。不過，我真正應該做的其實是擁抱我的平凡，並在追尋快樂的路上釐清各種鳥事。

很幸運的是，我和其他普通人一樣，擁有不只一個夢想。除了希望能在科德角（Cape Cod）買下海景第一排的度假小屋、不運動就擁有腹肌以及瞬間移動的能力之外，我還夢想著能成為作家。

我一直很熱愛寫作。但是我擅長寫作嗎？這我就不太確定了。我不是個天才兒童，我只是個平凡女孩，來自一個淳樸的市郊小鎮，在學校獲得了不上不下的成績，擁有平凡的才能可以寫一些報告分析「別怕莎士比亞」系列叢書——就是那些把莎士比亞的文言文翻譯成普通對話的書。我這麼普通的人，該怎麼實踐作家夢呢？

我發現在電視臺工作的夢想不適合我之後，便告訴自己「管他的」，轉頭就開始追尋我的作家夢。我知道我的寫作能力可能不算出色，我知道我還有很多不足之處。雖然我不知道成功長什麼樣子，也不知道我是否會成功，但我知道成功

2 譯注：exceptionalism，也譯為例外論或優越論，指的是認為某個國家、社會、社群或個人是特殊的例外，不符合一般常理，通常這種特殊性指的是比其他事物更優越。

不會在一夜之間降臨。說到底，這畢竟是個夢想呀！並不是所有夢想都能成真，所以夢想才會被稱作「夢想」嘛。但是，正因為我接受了我是個普通人的事實，所以我為了夢想付出加倍的努力，並在最後真的變成了一位作家（所以大家才會看到這本書）。

普通人也可以擁有夢想。我們可以擁有大夢想、小夢想和平凡夢想。我們可以追逐夢想，可以追夢失敗，也可以追夢成功。我們應該要銘記在心的是，我們的價值並不取決於我們是否實踐了夢想；我們的價值取決於在追逐夢想的過程中有多快樂。追根究柢，若沒有這些隨處可見的夢想，我們的人生也會失去努力的目標。在這種情況下，把目標放在「追逐夢想」而非「實現夢想」上，豈不是比較好嗎？至少對我來說是如此。若沒有這些平凡的夢想，我就什麼都沒有了。

普通人應該在職場中接納的十五件事

1. 身為普通人，我從來不會把工作錄取視為理所當然。

這份工作的應徵者可能有幾十人、幾百人甚至幾千人，其中只有一個人能取得這份工作的黃金門票。雖然我的履歷很棒，但和其他應徵者比起來可能十分普通，因此想要獲得一份平凡的工作仍舊是件很困難的事。每當你心中滋生了痛恨這份工作的黑暗念頭時，請別忘了這份工作選擇的是你。就是你，你的工作在眾多應徵者中選擇了平凡的你。你的公司大可以選擇其他人，但他們沒有（這對我來說簡直棒透了，我正是因為擁有這份工作，所以可以在突然痛恨起衣櫃中的某件衣服時，買件新的來替換）。

2. 沒有一直獲得讚美，是再普通不過的一件事。

我們這些普通人在孩童時期，常會因為做了不值得讚美的事情而聽見「你做得真棒！」，也常會因為只是出席活動就獲頒獎盃。接著我們進入職場，沒有人會因為我們完成日常的雜務而得到掌聲，這些雜務包括迅速回覆電子郵件、達到目標，以及各種會列入你的職務描述中的事項。但是，其他人為什麼要因為這些事情讚美我們呢？我們只是做了本來就該做的事情而已。如果你正因為沒人提起你的工作表現而感到沮喪的話，請告訴自己，這是件好事。如果你的工作表現不夠好，你絕對會聽到其他人提起你——他們說的絕不會是什麼好話。這就是為什麼在職場上當個普通人是一件超棒的事。

3. 有時候，好表現比最傑出的表現還棒。

並不是每個人都能在自己的工作領域中成為最傑出的那個人，但這也沒有關係。金字塔頂端能容納的人數是有限的。就算你在工作領域中無法躋身最傑出人員行列，你仍然可以是個好律師、好工程師、好護理師、好業務、好行銷人員，無論你的工作領域是什麼，你都能成為一個好的工作者。當你在工作中沒有獲得任何讚美，而那些頂尖員工獲得所有公開讚美時，你很難記得自己是個好的工作者。不過，榮譽愈大、責任也愈大，你比較希望能被他人用高標準檢視，並因為工作表現只達到好而非最傑出就被責難？還是你比較希望能一直維持在好的工作表現即可，並在表現傑出時受到誇獎？我個人比較喜歡維持好的工作表現。

4. 就算能力不是最突出的，也可以相信自己的直覺。

我以前在做某些特定的工作之前，每一次都會先徵得他人的許可。我知道我在工作上的表現只是不錯而已，無論我要做的決定有多小，我都會很緊張。直到有人告訴我：「徵詢原諒比徵詢同意還要簡單。」為了驗證這句話的真偽，我開始相信自己的直覺，在工作上直接做出我認為正確的決定，不再每五秒煩一次老闆。你知道結果如何嗎？結果是我做錯了很多決定，但是，我從來都不需要尋求他人的原諒……至少至今為止都不需要。而且，相較於每件事都做對，這些錯誤反而教會我更多東西。

5. 良好的態度，能讓我們走得很遠。

你當然不需要對每個人都過度友善，並且每時每刻都掛著微笑，但你也絕不該當個爛貨。普通人若想要在工作上有優秀的表現，就必定得維持良好的工作態度。能力一般的人都是可被取代的，要是你能力一般又態度爛透的話，猜猜下一個走路的會是誰呀？

6. 有時候，最好的目標就是快樂的平凡生活。

對於普通的員工而言，工作說穿了就只是工作罷了。工作不是我們的人生——至少它不該是我們的人生。工作只是我們每周花大約四十個小時做的一件事，只是我們賺錢的管道。因此，身為平凡員工的你絕不該為了工作上的鳥事而失控暴怒。你該做的是提出解決方案，改善工作狀況，或者你也可以忘了這件事，繼續前進。抱怨永遠都不會使狀況改善。

7. 就算職場人際關係和工作表現一樣平庸，也沒差。

你不需要和同事變成最好的摯友。見鬼了，事實上你甚至根本不需要跟他們成為朋友。但為了成為一個態度夠好的平凡員工，你必須適量參加各種「工作小聚」。這些工作小聚有可能是在白天一起喝咖啡，或是在工作結束後到街角的酒吧喝點酒，在公司之外的地方和同事建立連結是很重要的一件事。我知道你想說什麼，你覺得下班之後不能回家很痛苦，而且和你一起去的還是你已經相處一整天的那些人，但是，你不能每次都說你不去。去幾次吧！去和同事們閒談，去認識你的同事們在工作之外是什麼樣的人。你不會因此受到傷害，事實上你可能會因此發現其他人也和你一樣平凡而普通，因而使得工作更加輕鬆。

8. 拒絕休假，不會使你變得更傑出。

如果你在工作上的表現很平凡，那麼就算你在辦公室的時間遠多過表定上班時間，你的表現也不會改善。就算你因為工作太忙而意外錯過原本安排好的假期，你也不會就此成為公司的英雄。就算你在理應休假的日子工作，你也不會因此拿出更傑出的工作表現。普通人需要假期——為了身體、為了心理健康、為了家庭時光、為了假期本身。除非你自己就是老闆，而且沒有人能替補你的工作，否則身為一介普通人，你其實沒有那麼重要。別再撐了，好好過你的生活吧。我向你保證，這麼做一定會讓你更快樂！

9. 普通人應該互助——我們需要彼此的協助。

普通人會幫助其他普通人晉升。一間公司裡的職位就只有那麼多，因此你可能會在遇到一些和你很像的平凡同事時，在心中想著，我一定要做得比他們更好，以繼續成長。但你不是非得這麼想不可。如果你們攜手合作的話，就可以從彼此身上學習，一起升職。沒錯，有時候你們的職位高低可能會不太一樣，但這也沒有關係。無論你和平凡的同事如何相處，都必定會遇到這種狀況。你不覺得比起獨自一人想辦法升職，有個和你一樣平凡的同事拉你一把會比較輕鬆嗎？

10. 反正沒有人預期我們在社交活動上驚艷全場，不如就和其他人說點話吧。

我從來沒有在社交活動結束時，在心中想著：「讚啦，我真是太驕傲我可以拿著一杯紅酒，一邊吃起司一邊尷尬地站在角落，一直問我朋友：『我們該去找別人講話嗎？』」好吧，我不是問朋友，是問我自己啦，但答案是，沒錯，你該去找別人講話。社交活動的目的就是去找別人講話。這麼做不會顯得你很怪。這種活動的客群就是人口結構中的普通人。那些鶴立雞群的人都忙著過他們多彩多姿的生活，沒時間來參加這種活動，除非他們是來演講的，或有人付錢請他們來。至於我們這種平凡的普通人呢？我們需要建立人脈，需要認識一些志同道合的普通人。所以，別擔心其他人不想跟你說話。每一個參加這種活動的人都是要來這裡讓自己尷尬的。接納這種尷尬，試著去找陌生人說話。你永遠不會知道你會認識什麼人，而且正如我先前說過的，普通人會幫助其他普通人晉升。在你的人生中，能幫助你的普通人永遠不嫌多。

11. 平凡，並不代表你容易被遺忘。

普通人在職場上會做的其中一件最糟糕的事，就是不和老同事保持聯絡，這是因為普通人總是認為其他人會忘記他們。無論你有多麼不起眼，真正能使其他人記住你的方法就是保持聯絡。

12. 被拒絕，可以讓人以更好的方式檢視自己。

由於你是普通人，所以當你被拒絕的時候，原因幾乎都不是出在你身上。原因往往在於，有其他人比你更適合你希望能獲得的事物。不是因為你不夠好。你已經夠好了，這就是為什麼你有機會能達到目標。你會被拒絕，只是因為有其他人比你更適合你追求的事物。就算你在追求這項事物的過程中不斷被拒絕，你也會知道這沒有關係，因為你知道你和其他人是一樣的。你是個普通人，和你競爭的那群人也是普通人。只要你堅持下去，終究會找到你需要的事物。

13. 就算在從事最愛的工作時不會有最傑出的表現，也沒有關係。

這一條有一些例外。舉例來說，如果你不擅長手術的話，你大概就不該去當外科醫師，但我覺得普通人應該早就明白這個道理了。這一點的重點在於，如果你很享受寫作這件事，死命寫就對了，同時請你保持熱忱，如此一來你才能愈來愈進步。如果你喜歡創立公司，就應該不斷發明各種鬼東西，就算這些宏大的構想不會發展下去也沒關係。千萬別因為擔心自己會表現得不好而拒絕嘗試新職位，或在職場上拒絕學習新技巧。接納你的平凡，別再期望每件事都會手到擒來又完美無缺。畢竟唯有付出努力，你才能達到好的表現。

14. 我們應該誠實面對自己的價值。

就算你在工作上的表現不是超級無敵優秀，你也一樣可以提出更多要求。你需要做到的只有表現得夠好，並承認儘管你了解許多工作知識，學習仍是永無止盡。沒有人是無所不知的。就連那些表現得好像無所不知的人，他們也不是無所不知的。應該說，尤其是那些表現得自己無所不知的人，絕對不會是無所不知。如果你能接受自己的平庸才能並保持謙虛，同時發自內心地認真工作與學習，那麼你終究能獲得成功，不需要個人例外論的幫助。

15. 最重要的是，對如今擁有的事物感到知足。

雖然我們這些普通人沒辦法躋身著名天才的名單中，也不會贏得模範員工獎，但我們仍可以靠著自己的能力達成許多目標。**光是在應徵工作後被錄取這件**

事就是一大壯舉了。在進入職場後，無論你是獲得升職，又或者只是因為一些小事而拿到主管的感謝便條，你都應該以同樣自然的態度面對。為無聊小事慶祝，不代表你會放棄更遠大的目標。普通人應該永遠保持雄心壯志，這樣的心態能推動我們繼續前進。在前進的過程中，最重要的是記得為我們平凡（且超讚的）成就掌聲喝采。

就算不愛你的工作，也沒有關係

我這輩子聽過最爛的其中一句陳腔濫調就是：「只要你熱愛工作，人生中就不會有任何一天像是在工作。」拜託，這根本就是充滿謊言和虛幻的胡言亂語好嗎，如果你真的買單，那麼等到你某天發現「無論如何工作永遠都只會是工作」的時候，你的平凡世界可就要天翻地覆了。

讓我們認真來討論一下這件事。

領薪水真的挺讚的

工作指的就是為其他人做事，並因此獲得薪水。無論你是雇主、顧客還是投資人，無論你是為自己工作還是為企業工作，你都需要其他人的回饋才能生存下去。畢竟你是不可能自己支付薪水給自己的。就連碧昂絲（Beyoncé）也不可能支付薪水給自己。

因此，你必定得向其他人提出的意見妥協。你可能不會熱愛工作中發生的每件事，你可能也不會喜歡工作的最終成果，但工作就是如此。

我能想到的每一份工作都是如此，包括我自己的工作在內。讓我在這裡列出我深愛的一些事物：我的丈夫、我的家人、我的朋友、我的床、我的沙發、生活芭蕾瑜珈（Pure Barre）、薯條、披薩、塔吉特百貨公司（Target）、價格過高的咖啡、羊駝，喔，還有寫作。沒錯，我熱愛寫作。

一般人可能會認為，由於我把寫作列入我的最愛事物清單上，所以只要是和寫作有關的工作，我一定全都愛死了。但事實上，只要你做的事情能讓你賺到錢，大約有九五％的機率，這件事不會完全符合你想做的事。舉例來說，我可能很喜歡寫有關鴿子的文章（我並不喜歡寫鴿子，這只是個假設，只不過我在寫下這句話的時候第一個想到的就是鴿子），但是就算我能靠著寫有關鴿子的文章賺錢，我也很可能會需要按照特定的方式來描寫鴿子，而這種特定的方式很可能和我喜歡描寫鴿子的方式不太一樣。

其他職業的狀況也是如此。如果你熱愛創作藝術品，但又想要靠著藝術品賺錢，就必須考慮其他人喜歡與想要什麼，不能只考慮自己喜歡與想要的事物。你可能熱愛擔任律師，但不需要因此熱愛所有客戶和你承接的所有案子。你可能熱愛自己當老闆，但不需要因此熱愛你執行的所有計畫。

異常傑出的人可能和我們這些普通人不一樣，他們或許能一邊做自己熱愛的事一邊賺錢。讓我們再次拿碧昂絲當做範例。她實在是太傑出了，傑出到其他人願意付錢讓她做任何她想做的事情。好吧，我不知道這是不是真的啦，這只是我的推測。從現實層面來說，我很確定就連碧昂絲也會遇到一些付錢給她的人要求她用她不一定喜歡的方式做事，只不過她遇到這種事的頻率一定比我們少很多，對吧。

另一個例子是大型公司裡的執行長與主管。你可能會覺得這些超凡出眾的人早就把一切都搞定了，但我們必須承認，當一個人承擔的責任愈大，壓力也就愈大。他們不但必須每天應對那些秉持不同意見的人與大到不可思議的壓力，同時還必須維持公司繼續運作！對我來說，我寧願當個普通人也不想要處理這些事情，普通人在職場上的決定不會嚴重影響到那麼多人，因此有較高的機率能做自己熱愛的事。

對工作抱持五味雜陳的感覺，也沒關係

正如我先前解釋過的，你不需要時時刻刻都熱愛你做的每件工作；同樣的道理，你也不需要時時刻刻都熱愛你的工作帶來的各種鳥事。

「工作」這個動詞包括的行為，遠不止是具有真正生產力的實際工作項目。工作也包括了和你共事的人，也包括你為了完成各種事項而承擔的壓力，也包括了你因為想把事情做好而產生的焦慮感。

雖然工作可能會使你經歷憤怒、挫折、疲倦、難過等一點也不「開心」的情

緒，但這並不代表你不能享受這份工作，也不代表你把人生搞砸了。這代表你是個正在做平凡工作的平凡人。

從前從前，我誤打誤撞地開啟了一項副業：在網路上寫作。我立刻與它墜入了愛河。不過，一旦我開始靠著網路寫作賺進收入後，這種充滿愛意的感覺立刻開始變得斷斷續續。如果我希望這份收入能持續的話，我接下來要寫的就不會是我真正熱愛的事物，而是在我看來人們應該會喜歡的事物，我必須每周花一定的時間撰寫這些文章，就算我又忙又累也不能暫停。雖然網路寫作原本是個有趣的副業，但很快就變成非經常壓力與疲倦的根源。這並不代表網路寫作這件事已經沒有任何能夠讓我熱愛的成分，我仍舊熱愛網路寫作，這只代表蜜月期已經過了。我不再為了網路寫作神魂顛倒。在網路寫作的過程中，有部分時間我「非常熱愛」這份工作，多數時間我「非常喜歡」這份工作，少數時間我「討厭」這份工作。

對我來說，做這項副業時的狀態已經是我最貼近「樂於工作」的狀態了。我在這項副業中找到了快樂的平凡生活。我真心享受這項工作。我已經不會為此感到過度興奮，有時我會因為這份工作而覺得壓力過大，但我並不會痛恨這份工作。我發自內心地覺得我喜歡這份工作。這正好能接到下一個主題……

就算只是喜歡，而不是熱愛你的工作，也沒有問題

事實上在某些狀況下，**喜歡工作而非熱愛工作對你來說反而更好**。

如果你對你的工作和付錢要求你做事的人沒有懷抱著瘋狂的熱忱，那麼也就比較不會介意你的想法和這些人事物相左。你比較不會小題大作、充滿壓力、過度著迷或者走到最極端的狀態並開始痛恨現在這份工作。若你只是喜歡你的工作，那麼你現在很可能正過著快樂的平凡生活。你不會因為工作而受到嚴重的衝擊。

這就是為什麼普通的工作這麼讚。你可以享受工作內容，但你也願意接受回饋與其他人的意見。雖然你對這份工作沒有熱愛到失去工作就沒有人生，但擁有這份工作能讓你不再抱怨「我需要一份工作」。你覺得工作就只是還不錯。一切都還不錯。但是你知道嗎？在論及工作的時候，「還不錯」就很好了。不，應該

說**「還不錯」是很棒的一件事**。是超讚的一件事。

結論：足夠好就足夠好了

我要在這裡對我親愛的普通人同胞提出最後一項要求：請別再對自己說謊了，也別再靠著購買居家裝飾品告訴所有人「只要你熱愛工作，人生中就不會有任何一天像是在工作」這類的訊息。如果你希望人生中沒有任何一天像是在工作，那你應該要做的事是去找個有錢的伴侶資助你過上想過的生活，或者做些類似的事情，大概吧。但如果你必須工作的話，就請不要懷抱著「不像是在工作」的期待。工作永遠都只會是工作，無論你有多享受工作都一樣。你可以享受工作，但不必熱愛工作。因為就算你不熱愛工作也完全沒關係，只是喜歡你的工作就已經足夠好了。

令人擔心的二十六件財務支出大小事

這裡有些會令我們擔心的財務支出，其中包含一些重要的大事，例如：

1. 買房。

一切都是因為頭期款太貴了。根據美國房地產經紀人協會（National Association of Realtors）的預估，二〇二〇年的美國平均房價是二十七萬四千美元。我簡直無法想像在房價比較高的紐約市或舊金山之類的地方，平均房價會比這個金額高出多少。我們這種領著一般薪資的普通人，怎麼可能有辦法在一邊支付日常開支的同時，花錢買房啊？到底怎麼可能啦？

2. 看醫師。

每次我去看醫師，醫院都會寄給我更多我根本付不起的帳單，所以現在我只要生病了，都會告訴自己：「這種感冒馬上就會好了。」

3. 婚禮。

無論你是要為自己還是為已成年的孩子舉辦婚禮，又或者是你要以客人的身分參加婚宴，婚禮都正在變得愈來愈昂貴——拜託來個人阻止婚禮產業好嗎。

4. 生育。

當你連自己的生活開支都捉襟見肘了，怎麼可能突然有能力為家中的新成員支付日常開銷？我的意思是，如果你問我，我想要小孩嗎？我會告訴你，我想，但我是不是也想要有足夠的資金能往衣櫃裡增添新衣呢？我也想。來人啊，救命。

5. 家庭開支。

食物、家具、服飾、運動、牙套、迪士尼樂園（世上最幸福也最昂貴的地方）、保母（開玩笑的……也或許我不是在開玩笑？）。我的陰道除了能生小孩之外，也能生出支付這些費用的錢嗎？

6. 教育。

我覺得一般人應該要在生了小孩之後開始為孩子的教育儲蓄，但如果事情真是這樣運作的，我很可能應該要在我剛出生的那一刻，就開始儲蓄養小孩的資金。

7. 毛小孩。

我不想要在「花七十美元買一座貓樹」和「花七十美元買生活雜貨」之間抉擇。我兩個都想要。還有，你沒看錯，這件事確實屬於重要的大事之一。

8. 照顧年邁的父母。

這可不是開玩笑的。這件事至關重要。

9. 最後一次離職。

我不太相信我們這些普通人的微薄退休基金有辦法支付退休後的生活，這麼說來，我們是不是得永遠工作下去啊……？

10. 死亡。

好的墓地與葬禮是非常昂貴的。抱歉我得在此提到這個消極的話題，但我一定會過上精彩絕倫的人生，所以我也要死得精彩絕倫。我很肯定你們的想法和我一樣。

還有一些瑣碎的日常生活支出，也令人頭疼：

11. 可調控支出。

這個項目，指的是你非常喜愛又不會使你債務纏身的所有活動。對我來說，可調控支出包括生活芭蕾瑜珈、在甜綠餐廳[3]（Sweetgreen）點沙拉來吃、使用「無限租借伸展臺」[4]（Rent the Runway Unlimited）租借服裝，以及去塔吉特百貨購物（大致上來說就是這幾個活動）。沒錯，我現在時常付錢做這些事，但我有足夠的錢負擔這些東西嗎？這才是真正的問題。

12. 償還貸款。

我覺得貸款的金額就像年齡一樣，只會不斷增加。大家到底是怎麼在貸款不斷增加的狀況下付清貸款的啊？這絕對是我人生中最大的一個謎團。

13. 買一支新的手機。

讓我們面對現實吧——我們都想買最新的手機。這種鬼東西簡直貴死人了。

14. 每年做頭髮保養的次數超過兩次。

好吧，或許只有我會遇到這種問題啦，但是頭髮保養對於長髮的人來說真的很貴。要剪頭髮又要染色，頭髮保養每次都要做整套。我不在意我的髮尾分岔或髮根的顏色跑出來。對我來說，定期去好的理髮店實在是太昂貴了。

3 編按：甜綠是一家供應沙拉的美國快餐休閒連鎖餐廳，創立於二〇〇六年十一月。
4 編按：無限租借伸展臺是一個電子商務平台，允許用戶租借、訂閱或購買名牌服裝和配飾。

15. 擁有自己的Netflix、HBO GO和Hulu帳號。

不過，也別忘了謝謝（請先深吸一口氣）你朋友的朋友的哥哥的表妹的前未婚夫暫時提供給你使用的帳號。

16. 定期外出吃飯喝酒。

我只希望我能在參加別人的昂貴生日宴時，不會因為付了一百美元卻只有一點食物和一杯酒而恐慌症發作。

17. 拜訪親友的時候住在飯店裡。

雖然住在親友家裡確實不用錢，但這也代表了你必須配合他們的行程和家規。我還是比較喜歡自己決定我要在什麼時候做什麼事。

除了以上之外的額外消費：

18. 假期。

其他人到底是怎麼在一年之內到不同國家去旅遊好幾次的？我直到現在還沒把四年前去多明尼加共和國旅遊時的貸款還清。我究竟是哪裡做錯了呢？（請見第十一點。）

19. 絕佳的特大床墊。

我說的可是五星級飯店品質的床墊。救命，我需要更大的空間來大字型睡覺。

20. 陶器倉庫[5]（Pottery Barn）家居用品。

請閉上眼睛，想像你走進了陶器倉庫的店裡，因為仿皮草毛毯、完美的桌上擺設和編織籃而無法自拔。好啊，簡直棒透了。現在你知道我的感受了吧。

---

5 編按：一家美國高檔家居連鎖店和電子商務公司，在美國、加拿大、墨西哥和澳大利亞設有零售店。

21. 舉辦假日聚餐。

例如感恩節。火雞真的超貴的耶！最糟糕的事情，非買禮物莫屬。

22. 一對一健身教練。

我只是想要定期獲得一對一的注意力而已。在日常生活中是如此，在健身房也是如此。名人都是靠著這個方法維持體態的嘛！為什麼這種事對普通人來說這麼貴？你說說看啊？你說說看啊！

23. 透明矯正牙套、牙齒美白瓷貼面和假牙。

我們的牙齒逐漸老化時就會需要這些東西，而且你很清楚牙齒一定會老化。

24. 精美的設計師款提包。

到處都有人提著真正的LV包包耶，那些人到底是誰啊？他們從哪裡搞來這些錢的？難道美金平常都長在樹上嗎？難道是我平常看到的那些樹有問題？

25.一輛豪車。老實跟你說，我對於現在開的這輛本田（Honda）CR-V非常滿意，但如果我想要一輛豪車，例如奧迪（Audi）或凌志（Lexus）呢？光是要籌錢支付前面列出的那麼多東西就已經很困難了，所以我開始覺得豪車大概是我這種普通人永遠也買不起的東西。

26.心理諮商。未來聽起來充滿壓力。讓我們談談這件事吧。

被裁員之後，如何學著接納

「嗨，薩曼莎，你現在有空談一下嗎？」

「沒問題。」我立刻回覆了電子郵件。不知道新公司的總裁想要跟我討論什麼事。我的手機立刻亮了起來。

「哈囉。」我接起電話說道。

「嗨，薩曼莎，我是羅伯特，那我就開門見山地直說了。昨天晚上，我們的投資人撤資了，所以我們的預算沒了，於是決定要改變公司的營運走向。我們現在必須辭退幾個員工，很不幸的，你就是其中之一。」他停頓數秒，可能希望我會說些什麼，但我一語不發。「我知道你前陣子才剛進公司，我們也跟投資人說過這件事，但他們已經決定了。」

「好吧。」我回答。我心中充滿了千頭萬緒。說真的，這些人才剛雇用我耶，他們總不可能是在一夜之間突然發現需要預算變動和計畫裁員的吧。他們在雇用我的時候，就已經知道會發生這種事了嗎？

他繼續道：「我們很抱歉讓你遇到這種事。希望你未來一路順風。」

「好吧。」我說完後便掛了電話，已經說不出其他話了。但我還能說什麼呢？我不會告訴他開除我也沒關係，這對我來說關係可大了。我也不會跟他道謝，我對於他們做的任何事都毫無感激之情。我當然可以跟他說「去死吧」，但這位新創公司總裁必須解雇公司裡的八成員工。他已經把自己搞死了。

掛掉電話後，我坐在位子上，腦中一片空白地盯著電腦螢幕，數秒後放聲大哭。

事情已經沒有轉圜的餘地了。我原本以為這份工作是一項重大突破，能證明我是特別的，但最後卻是一場失敗。

獲得夢想中的工作終究只是夢想。你花了好久的時間，為了達到夢想把自己累得像條狗，你常覺得你或許永遠也無法實踐夢想，也常覺得或許你太平凡了，無法獲得成功。但是，接著你因為錄取了一份工作而獲得重大進展，你發現原來一切都是值得的。你覺得終於有人認可你了。你真的是特別的人！你一點也不平凡。

這就是我進入那間公司時的想法。我花了好幾年的時間，像是在尋找適合的衣服一樣不斷嘗試不同的工作。有些工作確實適合我，但算不上完美契合。我一直覺得我會找到一份獨特的工作。我覺得自己擁有許多非凡的才能，可以帶領我走上空前絕後的道路上，獲得偉大的成就。但我的人生變得極為枯燥乏味。我早上起床後，通勤去做我那份普通人的工作，下班後回到我簡樸的家，上床睡覺，隔天起床再次重複這個循環。我確實擁有遠大的夢想。遠比那種朝九晚五的標準夢想還要更遠大。但是，我這種普通人真的有可能實踐那種夢想嗎？

就在這時，夢想成真了。我終於找到我一直在尋找的工作——而且這份工作很適合我。這是我一直都很想要的職位。這間公司做的是我真正感興趣的事。而且我的薪水上漲了兩萬美元。這件事聽起來好到不像是真的，事實上——劇透警告！好吧，這根本不是劇透警告，你們已經知道之後的發展了——這件事確實也不是真的。

我在錄取了這份新工作之後，一直都非常興高采烈，以致於在收到解雇通知時，我簡直不敢相信。兩周前，我還坐在上一份工作的辦公桌前，等不及要離開沉悶的舊職位，進入令人興奮的新公司一展長才。我的自我已經開始膨脹了，同時我又在現實生活與網路上不斷故作謙虛地描述接下來的冒險，使得自我更加膨脹。話是這麼說，不過在我接到辭退的消息後，我的自我立刻就消風了，就像氣球一樣，一開始膨脹得愈大，消風後看起來就愈悲慘。

我知道失業代表我必須立刻開始找新工作。但我也知道，我不太可能在短時間內找到一份特別的工作——也就是能夠達到我列出的每項高標準的工作。

我想知道，我是不是注定只能擁有普通的職業和普通的人生？如果事實就是如此，那麼這樣的人生有什麼不對？為什麼我們這麼難對那些已經足夠好的工作感到滿意？難道我們這些普通人不能接受我們就是不特別，並歡慶這種小小的成就，而不要去追求如史帝夫．賈伯斯（Steve Jobs）和歐普拉．溫芙蕾（Oprah Winfrey）那般的大成就嗎？

在第一次被辭退之後

這是我第一次被辭退。被辭退的感覺，就像是有個人原本一直在資助你如今的生活型態，並且提供你支付得起的合宜健康保險，接著他卻突然把你拋棄在荒郊野外。你失去了你投注了絕大部分時間的事物（我們每周都把絕大部分的時間用來工作，真悲哀，不是嗎？），而且你無法理解原因。你被迫要重新開始，但在我的案例中，我才剛剛重新開始而已。我不想要再次重新開始。

更不用說這件事讓我很尷尬。不，應該說讓我很羞窘。我要如何面對那些曾見過我故作謙虛地描述這份新工作的人？我沒辦法面對他們。我是不是注定後半輩子都只能躲在家裡了？不行，那麼做的話，我就再也不能去星巴克了。我需要星巴克。

說到星巴克，以後我就是這個社會中的失業人口了，我要怎麼負擔得起每天喝一杯超大杯杏仁奶冰咖啡加無糖香草糖漿呢？我的天啊，難道我必須為了銀行帳戶的未來著想，犧牲我的咖啡了嗎？

正如你能想像得到的，從財務面來說，我可以說是毀了。但這並不是因為我是一臺魯莽無情的花錢機器。事實上，所有被解雇的人都和我一樣，從財務面來說已經毀了。如果你有存款的話，你馬上就會因為要支付房租、房貸和貸款等重要生活開支而失去你的安全預備金。如果你沒有存款的話，你最好開始祈禱自己能拿到資遣費，畢竟你能拿失業救助金的時間不會持續太久。

由於我本來計畫要用新的收入支付一筆貸款，接著又失去收入，所以我的帳務變成負額，於是我開始恐慌。之後我要怎麼支付帳單？之後我要怎麼購買日常用品？之後我要怎麼支付我的信用卡費？之後我要怎麼做，才能為我的未來儲蓄？

幸運的是，我拿到了資遣費，這對我而言是很大的幫助。在我停止哭泣之後，我做了一些基礎計算。我將會拿到兩個月的薪資，由於這份工作的薪資上漲，所以這兩個月的薪資等於我前一份工作的四個月薪資。我的腦海裡亮起了大約五顆燈泡。

我的確會為了找到下一份工作而陷入艱難的時期，但如果我用接下來的四個月為自己工作的話，會發生什麼事？我可以謹慎地制定預算，想辦法減少支出，用這段時間來寫作。畢竟我的夢想就是靠著寫我想寫的東西來賺錢，把寫作當正職，而且我覺得我是個特別的人，所以可以達成這個夢想。我在各種報刊雜誌中讀過，有很多成功人士都是在被解雇後才成立公司或開始新工作的。雖然我原本覺得前一份新工作是一大突破，但是或許，我是說或許，被解雇才是真正通往成功的黃金門票。

我打電話給媽媽，告訴她我的想法。同時也告訴她我被解雇了。

她回答：「薩曼莎，你不能這麼做，否則你的健康保險要怎麼辦？你需要一份工作。」

她說得很有道理。健康保險很重要。但是說真的，為什麼健康保險每次都要該死的阻擋我的去路呢？若想要獲得價格合理的健康保險，通常你或你的配偶需要有一份工作，但當時我還沒有和現在的丈夫丹結婚。我考慮過要奉子成婚，並把奉子的「子」改成「健康保險」，但我最後的結論是：為了健康和牙醫而匆促結婚，實在太過瘋狂。

我知道媽媽說得沒錯，畢竟我不可能改變原本平凡的身家背景。我沒有信託基金能支付健康保險的費用。我的父母也沒辦法幫我支付房租。更要命的是，我連存款都沒有。丹絕對沒有餘裕能讓我繼續過著以前那種生活型態，我也絕不可能讓他這麼做。我只是個普通人，一直努力地試著在平凡的世界過生活。這代表的是，我需要一份能提供健康保險的平凡工作。

不過，我可以在找工作的同時試著以寫作當副業。我心中其實很清楚，以寫作當副業不可能帶來什麼成就，至少在找工作這段時間是不可能的，但同時我仍然懷抱著希望——或者比較像是滿懷著妄想——或許我足夠獨特，可以靠著寫作一夕爆紅，為自己賺進數百萬美元。世事難料嘛！

面對失業後的煎熬

這是一絲微弱的希望。以防你不知道我當時的感受，讓我解釋一下：失業者無時無刻都需要一絲微弱的希望。這是因為失業之後，一切都會變得很難熬。非常難熬。

你的希望和夢想會在失業的瞬間破滅。儘管你努力想維持信念，並大量應徵你符合資格的工作，但過了一陣子之後，這樣的乏味流程就會變得令人絕望。隨著戶頭裡的錢慢慢減少，你努力保持住的一絲微弱希望也跟著慢慢減少，你開始思考為什麼會遇到這種事。

你被解雇是因為你不夠好嗎？如果你真的是特別的人，你早就應該找到新工作了，不是嗎？為什麼沒有人想雇用你？難道你其實不適合在這個世界生存？你是不是應該換個職業？你是不是應該回學校學點別的技能？

這一類的負面想法會使自己踏入一段黑暗的旅程。每天早上，當丹在六點起床準備去上班時，我會進入半睡半醒的狀態。他會在出門前走到床邊，把我搖醒，告訴我：「該起床囉。」就像我還是個孩子的時候，媽媽會努力想叫我起床去上學一樣。

「我已經醒了。」我會一邊這麼回答一邊翻身，等他出門後，再睡個回籠覺。既然我能夠在睡覺中獲得平靜，又何必要在清醒中體驗焦慮呢？對於當時的我來說，睡覺是個顯而易見的正確選擇。

我會在十一點左右滾下床，拖著腳步走進廁所，接著在一片黑暗中窩進沙發裡，待上好幾個小時（是真的每天好幾個小時）。我當時在一周半之內把六季的《花邊教主》(*Gossip Girl*) 全都看完了。但是，我還有其他選擇嗎？讓我說得更精確一點：還有其他我能負擔得起的選擇嗎？

你應該遇過這種狀況，有些人會告訴你，他們沒有錢所以不能去做某些事，但後來你發現那些人在周末去度假或去聽演唱會，這時你就會想，「等等，你不是跟我說你沒錢嗎」，他們絕對有錢好嗎，只是不想要把錢花在該做計畫上而已。

不過呢，我的狀況是真的沒有錢了。如果不考慮我的貸款，那我確實有一點錢，但這些錢不夠我進行「選擇性的計畫」。舉例來說，如果這周有一個朋友想找我去吃晚餐，另一個朋友想要找我去吃早午餐，我不能在兩者之中選擇我比較想花錢的那一個，因為我根本不能花錢和任何朋友去吃飯。我必須拒絕所有邀約。

我必須把戶頭裡的這一小點錢用在租金、汽車、食物、手機和其他帳單上。我不能冒險把這些錢花在其他事情上，否則的話，我有可能會在找到工作並拿到薪水前就把錢花光，我不知道到時候我該怎麼辦。

失業最糟糕的事情甚至根本就不是「沒有工作」。事實上，每件事情都是最糟糕的事。

最糟糕的是你不能花錢，在失業之前，我從沒有在花錢時考慮過這件事。

最糟糕的是你必須拒絕所有計畫。

最糟糕的是你每天都只能獨自度過。

最糟糕的是你必須在希望與失望之間來回擺盪，每當我看到可能錄取我的徵募訊息，我就會充滿希望，接著我很快又會因為沒有收到回音或收到拒絕的電子郵件而陷入絕望。

最糟糕的是連續好幾個小時（甚至連續好幾天）坐在沙發上看Netflix，因為我想不到其他不用花錢就能做的事情。

最糟糕的是當我努力想要向其他人解釋我的處境時，卻發現我認識的多數人似乎都不需要擔心錢的問題，或者從來沒有陷入需要找工作與面試工作的狀況過。

最糟糕的是覺得其他人都誤解自己、不理解自己，覺得困窘，覺得自己很差勁。

但是，當個普通人有什麼不對嗎？沒錯，我擁有遠大的夢想；沒錯，我當時距離遠大的夢想十分遙遠，但是那又如何？如果我真的在那麼年輕的時候就實現夢想，那麼我還會有繼續工作的目標嗎？

脫離失業的動力

當個普通人最大的好處，就是一直都有可以努力與期待的目標。你正過著快樂的平凡生活。你的經濟狀況或許算不上令人驚艷，但至少有棲身之所，也吃得上有機蔬果。你做得足夠好了。你或許沒辦法找到你夢想中的工作，但是你已經進入職場，正努力往下一個階段邁進。你不是遊手好閒的人。那麼，就算你沒辦法在一夜之間功成名就——就算可能這輩子都不會獲得驚人的成功，又怎麼樣呢？你已經做得很好了。到底人們從什麼時候開始，認為這樣的生活是錯的呢？

看完《花邊教主》後，我開始思考接下來要看哪一部影集。接著，我仔細看了看鏡子裡的自己，嘆了一口氣。我這是在做什麼呢？這不是真正的我。我沒有那麼特別，要是不付出努力，我就不會獲得任何事物。我是個普通人，想要獲得收穫，就必須先耕耘。但是，我在失業後一直沒有耕耘。我在一整周裡只投了少少幾份履歷，一直在心中祈禱著能錄取，如此一來我就不用繼續去失業中心參加義務性的職涯討論會了。我覺得自己是個特別的人，不該陷入這種處境，但事實上我應該要將這種處境當做動力，藉此脫離失業。

「拒絕」其實是一種動力，能推動你去追逐你應該擁有的事物。一直到我意識到自己其實並不是特別的人，我才明白這個道理。身為不特別的人並不是一件壞事，這只代表了我只是個普通人。如果我想要超越「足夠好」，我就必須付出努力，才能變得更加傑出。我必須努力爭取，才能變得出類拔萃。

我接納了自己不是特別的人之後，才了解到我不可能總是獲得我想要的事物，但是，該死的，至少我可以試著爭取。接著，我還可以再試一次。再一次。然後再一次。我可以不斷嘗試，直到我終於獲得了（說不定甚至還能真正搞清楚）我想要的事物。就算有些人不想要錄取我，也沒有關係。我值得為其他想要錄取我的人工作。就算有些工作不順利，也一樣沒有關係。真正適合我的工作會進行得更順利，也會引領我獲得更好的結果。

接受了這個事實後，我開始每天早上和丹同時起床，雖然我不用工作，但我還是起床了。我打掃家裡、寫作、煮飯、運動，此外，我當然也會去應徵（有時則是去面試）各種工作。我把每一次的拒絕都當做燃油，推動著我繼續尋找工作。

不久之後，我終於找到一份新的全職工作。我再次覺得自己是被需要的。我對新事物重燃熱忱。我覺得心中充滿遠大的抱負。我感到快樂。是的，我仍然覺得自己很平凡，我的薪水很一般，職稱也還可以，但這份工作代表我在職場和這個世界上都有一個歸屬。最重要的是，我有一份工作了。我可以靠著我擅長做的事賺取薪水。我知道這樣的生活聽起來再平常不過了，但說到底，光是這樣真的就已經足夠好了，畢竟有些人就是沒那麼幸運。

我很開心從前的那個我擺脫陰霾，但我不能繼續維持過去那種可怕的花錢習慣與膨脹的自我。失去穩定的薪水正是我需要的當頭棒喝，只是我之前不知道而已。別誤會，被解雇這件事仍然爛透，但我確實因此開始用正確的角度看待我的財務狀況。失業就像是長達五個月的「如何不把財務狀況搞砸基礎入門課」。我覺得這幾個月的折磨，說不定其實是祖母在死後的世界為我做的安排，原因是她發現我在酒吧請了十個不認識的人各喝了一輪小杯烈酒。我幾乎能想像得到她正大吼著：「我受不了了！我一定要好好教訓她一頓不可！」整體上來說，失業也使我學會如何當一個更好的人。

在解雇的鳥事發生之後，我學到的最重要的幾件事如下：

1. 任何人都有可能會在任何時候遇上任何事。

你一直都知道這種事有可能會發生，只不過從沒想過這件事會發生在自己身上。想當然耳，等到真的遇上這種事之後，就會知道你也可能會遇上鳥事了，同時你也完蛋了，不過這也是沒辦法的事，無論你事前有沒有做好準備，你都一樣會遇上鳥事，都一樣必須面對它並撐過去。以後我必定還是會遇上類似的鳥事，但至少我會事先做好準備，就算準備並非萬全，但至少我會盡力。畢竟這種事情總是會發生在我們這種普通人身上。

2. 每一塊錢都是有價值的。

我連續好幾個月都沒有動我的存款。我當時的每月開支是我如今薪水的一半。不，我在失業的時候沒辦法存錢或還貸款，不過我學會如何節儉過活，也真正學會像我這樣的普通人應該要如何花錢。我學會了「需要」與「想要」之間的差異。我發現原來我一直以來都時常把能夠存下來的錢，拿去花在毫無意義的事物上。現在我會把這些該死的錢放進儲蓄戶頭中。失業，我謝謝你。

3. 就算你拒絕邀約，親友還是一樣愛你。

在失業期間，我不去逛街，也不在外面吃餐廳。我的外表仍算得上體面，接著我驚訝地發現，我的朋友並沒有因此忘記我。從根本上來說，我依然在過生活，只不過生活沒有以前那麼豐富，但生活仍會持續下去。

4. 小成就，也一樣是成就。

我以前從來都不允許自己為了小事慶祝。我一心一意地想讓其他人認為我是個既特別又有才能的人，以致於我沒有注意到，在為了更大的成就而努力的過程中，我也達到許多小成就。千萬不要忽略這些小成就。慶祝小成就，很可能會比慶祝達到最終目標更加重要，畢竟正是因為這些小成就，你才能在最後完成你的終極目標。

5. 必須經歷犧牲、努力與被拒絕，才可能有所收穫。

人生很艱難，你必定會遇到一些鳥事。如果你覺得自己的能力高到不該遇到鳥事的話，那我為你感到遺憾，但我會因為你的自憐自艾而同情你。沒有人的能力會高到不該遇到拒絕。沒有人的能力會高到不可能犯錯。我們必須透過被拒絕與犯錯來學習與成長。如果你沒有在學習或成長的話，那就代表你有什麼地方做錯了。沒有人能靠著呆坐原地獲得成功，只有卡戴珊一家人[6]（Kardashians）是例外，但並不是所有人都能擁有克莉絲．詹納[7]（Kris Jenner）這樣的媽媽經理人，所以囉……

一些超出薪資負擔範圍的支出列表

1. 你的租金或房貸。

這筆支出會為你帶來超高額債務。

無論你賺多少錢，這筆支出必定會占據你一半的月薪。必定會超過你用感覺判斷的房屋價值。以我的例子來說，我的租金一年到頭都在毫無原因地漲價。但我住的地方又沒有變大，也沒有變豪華啊。這地方一直都是一成不變的，但卻愈來愈貴。這合理嗎？一點都不合理。拜託來個人幫我取消這筆租金吧。等等，我是開玩笑的啦，我還是需要棲身之處。看來，我大概只能繼續把薪水花在租金上，別去肖想儲蓄買房並以房貸取代租金了。我們這些普通人的生活，可真是充滿了意想不到的轉折呢，對吧？

2. 生日晚宴。

生日晚宴的地點，必定是要花十五美元才能吃到一盤沙拉的地方。帳單送過來的時候必定會導致眾人陷入尷尬。參與者中必定至少有一個（或者兩個）你不喜歡的人。晚宴的時間必定會讓你覺得很麻煩，但這只不過是因為對你來說，只要是參加別人的生日晚宴，就沒有任何一個時間是不麻煩的。過生日的那個人每

6 編按：卡戴珊家族是一個在娛樂圈、真人秀、時裝設計和商業享有盛譽的美國家族。
7 編按：克莉絲・詹納是卡戴珊家族的重要成員，將其家族推到文化潮流頂端的重要功臣。

次都不是真的想要舉辦這場晚宴。但在你屈從於他人的生日晚宴並為他們買單之後，你也不得不舉辦自己的生日晚宴。否則就太不公平了。

3. 度假。

度假的原料是錯失恐懼症。度假的金額必定會超出你真正能負擔的金額。儘管度假的目的是全天放鬆，但你必定會在度假之前、之時與之後都感到很大的壓力。度假的真正樣貌，和你套了濾鏡後上傳到Instagram的相片必定差距甚遠。度假必定和你的期望不太一樣——必定不夠長、必定不夠頻繁、必定不夠划算。但度假，又必定是一件必需品。

4. 車子。

車子是費用過高的小賤貨，每個月都必定會從你的銀行帳戶裡花掉一筆錢。車子也必定會因為維修，而從你銀行帳戶裡多花另一筆錢。有時候，車子必須從你的銀行帳戶裡花掉更多的錢，如此一來它才不至於壽終正寢。雖然車子終有一死，但遇到這種事的時候，只要買一輛新的就沒問題了。這帶到了我的下一個論點：為什麼我們要這麼快就把舊車趕出我們的生活，立刻買一輛新的呢？老師不是都告訴我們不能這樣對待其他人嗎？如果我們可以隨意拋棄車子的話，那它的開銷不是應該要更低嗎？就像拋棄式傻瓜相機的價格比真正相機的價格還要低一樣啊？車子貴到根本沒天理耶？

5. 酒。

酒是能讓你忘記現實的超能力飲料，無論你發生什麼事，它一直都在。在你打了一架或度過難關後，它會陪你笑看人生起落，就像什麼事都沒發生過一樣。酒，就是你的家人。

6. 新衣服。

新衣服永遠都不會是必需品。也絕不會是完美的，但你必定會立刻買下，這是因為，啊你就是想要新衣服嘛。除了你之外，不會有任何人注意到這件新衣服。事實上，就算你穿的是同一套衣服，也不會有人注意到這件事——沒錯，就算是你用同一套衣服拍照再上傳到網路上，也不會有人發現。你買了那件新衣服之後，說不定只會穿一次。每一件新衣服都只是在浪費你的錢。

7. 健身課。

它會助你打造健美身材，但健身課必定過於昂貴。你必定會因為健身課而覺得自己需要更好的運動服，並因此購買新的運動服。討論健身課必定會很開心，但實際去上健身課則絕對不會開心，除非你身上穿的是想炫耀的新運動服。

8. 送禮。

為什麼我們要為了其他人的某個決定而陷入瀕臨破產的窘境呢?你根本沒有參與這件事。事情也不是你做的。你只是個無辜的旁觀者，不得不參加這些單身派對、新生兒派對和慈善捐款派對。

9. 為了朋友而舉辦的所有活動

參加這些活動總是讓你覺得壓力破表，總是讓你心中充滿焦慮，總是讓你因為太過緊張而無法享受。你總是會為了讓其他人開心而支付各種沒必要的消費，而且這些活動永遠都不能取消。不過，如果派對的舉辦地點在你家的話，你就有個好理由可以打掃家裡囉。

我的事業沒問題！

Chapter 2

讚頌不完美的社交生活

聊聊酒肉朋友和偶爾的聚會

In Praise of Subpar Social Lives

... and other thoughts about fair-weather friendships and sporadic get-togethers

社交能力欠佳，該如何結交新朋友

「哈囉！」我一邊傳訊息給她，一邊坐上了前往餐廳的地鐵。「我好期待今晚的見面！可以跟我說你今天穿什麼嗎？這樣我等一下比較好認人。」

「嗨，薩曼莎！我也好期待喔。我穿的是灰色毛衣和牛仔褲，等等見囉！」她回覆了訊息。

我低頭看向自己的衣服。我穿的是黑色的貼身皮褲、灰褐色的絲質襯衫和黑色的靴子。我雙眼圓睜，喉頭一緊。我怎麼會穿這套衣服？我到底在想什麼？以今天的場合來說，我打扮得太超過了。她看到這身衣服時會怎麼想？我一開始為什麼要同意見面？我怎麼會蠢到在推特（Twitter）上認識的網友約我出來吃晚餐的時候答應她？

她叫做莉安，我們在社群媒體上互相追蹤彼此的帳號。

在這之前，我們從沒有在現實生活中見過面，但我們兩人都在媒體業工作，顯然都同樣喜歡在推特上發表一些有趣的內容。我們對彼此的貼文點讚數個月後，莉安傳了訊息問我的電子郵件帳號。沒過幾分鐘，我的收件匣裡就出現一封信。她說她才剛搬到這附近沒多久，問我想不想和她一起出去喝點酒。我答應了，接著我們把細節確定下來。

雖然我對於能夠在媒體業有新人脈感到很興奮，但我同時也很開心這次的見面可能會讓我交到新朋友。我確實已經有數量不少的朋友了，但若能認識新的朋友我當然不會拒絕，我只是對於要在哪裡、以何種方法找到新朋友感到毫無頭緒罷了。說真的，我只有普通的社交能力和平凡的社交生活，這樣是要怎麼交到新朋友啊？我真的有可能交到新朋友嗎？

我還保持聯絡的朋友，全都和我截然不同。我們的職業不同、住在不同地區、喜歡不同的社交場合，連生活型態也逐漸分道揚鑣。若這些友誼全都消逝了，我真的不知道該怎麼做。就算這些友誼能維持住，我心中也有一小部分始終希望至少能有一個朋友和我比較相似。莉安會不會成為那個和我比較相似的朋友呢？她在媒體業工作，她喜歡在推特上大量發文，說不定我們是天作之合，我想著。

我以前從來沒做過這種事——這種「網友約會」。話說回來，網友約會是個什麼鬼？我根本連那是什麼都不確定。莉安會不會只是想要建立事業人脈？我覺得自己就像青春期的少女，不太確定周五晚上約在電影院的那個男孩是把她當成朋友一起出來玩，還是想要比朋友更進一步。我的衣服顯然正在告訴所有人，我期待的事物和她期待的事物不太一樣。但是，她期待的又是什麼呢？

出了地鐵站後，我繞過一個轉角，來到約好的餐廳。我往餐廳正門走去，一看到裡面有多擁擠，我就開始恐慌了。我最討厭獨自一人前往我必須使用平凡社交能力的地方了。我年輕時，每年夏天參加過夜露營一定都會找朋友一起參加，這是因為我害怕自己一旦落單，就會像蝸牛一樣撤退回殼裡躲起來，直到周遭環繞著我熟識的朋友，才會再次探出頭。我會帶上一大堆糖果，只為了「賄賂」其他人當我的朋友。我真希望我帶了朋友——或者一大堆糖果——來餐廳，這麼一來我就能輕鬆破冰了。

和莉安的「朋友約會」

走進餐廳後，我左顧右盼地尋找獨自一人坐在兩人桌且身穿灰色毛衣的女孩。接著我看到她了。她戴著眼鏡，頭髮是綁起來的，就像是影集《發展受阻》[1]（*Arrested Development*）裡的基蒂・桑切斯[2]（Kitty Sanchez）一樣，唯一的差別就是她比桑切斯酷多了。而且她好像根本沒有化妝？就算我已經走到桌子前，我還是無法確定這一點。不過我注意到她穿的是運動鞋，不知為何，這讓我的焦慮程度更上一層樓。我則為了在這次見面時顯得令人驚艷而穿上了靴子，而且還是該死的高跟靴子。

「莉安？」我問。

她放下菜單，對我微笑。「薩曼莎！嗨！見到你真是太開心了！」她從座位

1 編按：《發展受阻》是米謝爾・赫維茲（Mitchell Hurwitz）為FOX創作的一部美國電視情境喜劇，敘述了布魯斯（Bluth）一家的故事。

2 編按：《發展受阻》劇中角色，形象為金色長捲髮搭配黑框眼鏡造型。

上跳起來，靠過來給我一個擁抱。我也給了她一個擁抱。

我脫下外套，掛在椅背上。「我也很開心能見到你！抱歉，我穿得這麼正式。我才剛結束工作，你也知道媒體業就是這樣。」這是謊話。我在下班後回家一趟，換了衣服才過來的。而且為了要和莉安見面，我特別提早一個小時起床把頭髮燙捲，但這種事已經無所謂了。

接著我們一邊喝紅酒、吃起司，一邊閒聊了一個小時。然後，帳單終於送來了。在我付錢結帳的時候，莉安站起身，穿上外套。「謝謝你出來跟我見面。我今天晚上過得很開心！」

「我也是！」我回答，同時也在心中掙扎著是不是要告訴她，我們之後還可以再約一次。要是她不想要再跟我見面的話，那怎麼辦？要是她不喜歡我呢？說不定她已經因為我談太多工作所以不喜歡我了？也說不定她是因為我談太少工作所以才不喜歡我的？我覺得我在這場網友約會中的表現太過平淡，應該不會有第二次約出來見面的機會了。

我們給彼此一個既快速又不會靠太近的擁抱，在道別後離開餐廳。這時，我發現我們即將面臨一起前往同一個地點（地鐵站）的尷尬處境，於是我決定要繞一點路，邁步往地鐵的反方向走。我一邊繞路一邊傳群組訊息給姊妹淘：「大家這個周末過得怎麼樣啊？有人想要約出來聚一下嗎？」

為什麼探索未知對我來說那麼難，撤退回熟悉的事物卻那麼簡單呢？我原本的朋友就是熟悉的事物，就算他們在我提出充滿前景的計畫時拒絕我，至少我很確定他們很喜歡我這個人，就算我有一些缺點也無妨。但新朋友則充滿了未知，我不知道他們在發現我的缺點時會作何反應；我不知道他們會不會對我的平凡生活毫無興趣；我不知道他們會不會因為覺得我足夠好，所以願意再和我見面一次。

經過了這次網友約會後，莉安和我再也沒有說過話。那已經是好幾年前的事了，至今我仍然不確定她的感覺是否和我一樣，是在見面後因為太過緊張而不敢繼續聯絡，又或者她只是對我沒有什麼好印象，而且很開心我再也沒有聯絡她。老實說，我甚至不太確定她現在是否還記得我，不過我倒是還記得她，原因當然不是我還在追蹤她的推特帳號。原因是打從我出生以來的這三十年間，她是我第一個網友約會的對象，也是唯一一個，我永遠不會忘記這件事。

沒錯。自從這次網友約會失敗後，我就對於自己拙劣的社交技巧感到過於緊張，再也不敢進入新朋友市場中了。但在那之後，我的人生迅速飛逝，許多友誼都消失了。我因此愈來愈渴望能交到新朋友——說真的，這種渴望簡直令我飢渴難耐。但我一點也不特別的生活型態，是個巨大的絆腳石。

普通人的生活，基本上就是不斷循環地起床、工作、照顧自己和家人然後上床睡覺，接著，在這段循環中強迫自己偶爾試著在早上喝一杯咖啡，並且把遲到時間壓在十五分鐘以內，或者強迫自己在只想往沙發上塗滿白膠並躺下不再起來的時候，拖著疲憊的身體前往健身房。那麼，普通人要在什麼時候、用什麼方法，才能找到時間交新朋友呢（更不用說維持過去的友誼了）？這個世界上並沒有特別為了交新朋友而指定的時間或地點，一般來說，你不會為此感到困擾，畢竟你早就已經有老朋友了（而且光是和他們相處的時間就已經不夠了）。但是隨著時間流逝，愈來愈多朋友從你的生活中淡出，你開始和多數朋友失去聯絡，這時你會發現，多交幾個新朋友也不是什麼壞事。

那麼，你該怎麼做呢？普通人該怎麼交到新朋友？

普通人如何在職場建立友誼

職場和學校不一樣。在職場上，並不是每個人的地位都和你相同，也沒有人是為了交朋友而進入職場的。職場不會在午餐時間打鐘，提醒所有人在同一時間聚集到廚房社交。職場上沒有體操隊，也沒有啦啦隊能當你的救星（聽好了，這是《魅力四射》[3]〔*Bring It On*〕的哏）。職場上沒有課外活動。雖然人們有義務在職場上進行膚淺的社交（例如談論天氣、以最含糊的方式描述周末的活動），但你是否必須為了建立真正的連結和其他人社交呢？你可以選擇不要做這種鳥事。

過去這幾年來，我曾在職場中結交了一些朋友，但在職場上交朋友和在學校交朋友完全是兩回事。每次我以為自己在工作上認識了一位真正的朋友時，這段

3 編按：《魅力四射》是一系列啦啦隊主題電影選集，包含六部電影與一部萬聖節主題電影續集。

友誼都會在彼此找到新工作後消失無蹤。雖然這些朋友會在我的社群媒體訊息通知上留下一點點痕跡，但我和他們再也不會有任何聯絡了（唉，我懂，這就是社群媒體的諷刺之處）。

那麼，我們是否能在職場上交到新朋友呢？又或者職場友誼必定會在你們無法抱怨同一個老闆之後煙消雲散？

我有時會覺得，或許我應該在比較年輕的時候在職場上交一些朋友——我覺得我好像已經錯過在職場上交新朋友的機會。在工作後的周間晚上，我幾乎沒有時間能社交，就算有時間，我通常也只會用來和幾百年沒見的老朋友見面。周末則幾乎全都有安排，根本沒有時間能和工作上認識的朋友約出來見面。或許正是因此，我在職場上建立的友誼才會只能維持在同一間公司裡，他們或許也是因此才無法和我保持聯絡。當你做的是朝九晚五的典型工作時，你能維持的友誼數量畢竟是有限的。

接著還有另一個大問題，那就是從根本上來說，在職場上交朋友是不是個好主意。我在過去這些年來學到的一個道理是，應該把工作和個人生活區分開來。

你絕不會想要和一個你不信任的人抱怨同事，而友誼必須建立在信任的基礎之上。你必須在建立真正的友誼之前，先確定你能否信任對方，但是，你真的確定用工作來測試友誼是值得的事嗎？我不這麼認為。這就是為什麼我在工作時的座右銘是：「你該喜歡每個人。但——別相信任何人。」

普通人在職場上結交新朋友時，最好的選擇就是把焦點放在**建立足夠好、並且能幫助你度過每一天的連結**。如果在你離開職場之後，這些足夠好的連結還能繼續維持的話，你就會知道你認識的是真正的新朋友，也會知道你過去為了同事關係付出的努力是值得的。

如何在活動中結交新朋友

除了我家和辦公室（和星巴克）之外，我唯一會定時造訪的地方就只有我上芭蕾瑜珈課的地方。我從五年前開始上芭蕾瑜珈課至今，大約有三個人和我發展友誼。其中並不包含我們的教練。老師和我的互動的確很友善，但我很確定那只是因為他們領的薪水使他們有義務對我們友善。不過我們大可以忽略這個事實，畢竟我很樂意把他們當做我在真實生活中的朋友。這樣的想法能在我不想去上課的時候，幫助我挪動我懶惰的屁股。

從某方面來說，芭蕾瑜珈會讓我想起小時候的舞蹈課。我必須在特定時間抵達上課地點，到處都有鏡子讓我可以好好審視自己，我必須做出過去在跳芭蕾時做的各種動作。不過這兩者之間也有許多截然不同的地方。首先，這是一堂五十分鐘的健身課程，我可以自行決定我何時想去，何時不想。課程中包括了一些固定的舞蹈動作，但都不是我為了舞蹈表演而學過或在舞蹈表演上跳過的。這兩者的最大差異是：芭蕾瑜珈課沒有團隊氣氛。由於我在成長的過程中一直是舞蹈團隊的一員，所以我在那些年間，每周都會和同樣的人一起上好幾堂課。我們因此變得很熟悉，我也交了一些朋友。

一開始去上芭蕾瑜珈時，我覺得或許可以在這裡交到一、兩個新朋友，只是或許而已。這樣也不錯啊，對吧？參加芭蕾瑜珈課的人有一個非常明顯的共通點：我們全都會在下班後衝回家，只為了在自己的身體上加諸巨大的痛苦，經歷宛如地獄般的五十分鐘——而且我們全都熱愛這麼做。熱愛到我們會穿上印有芭蕾瑜珈課標誌的背心和運動衫，我們簡直就是邪教團體，而邪教成員的關係通常都非常緊密。那麼，為什麼我至今都還沒有深入認識任何一個邪教成員呢？

在我上芭蕾瑜珈的課堂上，有幾名同為學員的女性彼此是好朋友。我常會思考她們是如何認識的，也常會希望我以後能打進她們的小圈圈裡。說不定她們是在芭蕾瑜珈的課堂上認識的？又或者她們是在芭蕾瑜珈之外的地方認識的？她們是怎麼在上課的過程中找到時間聊天的？身為普通人的我總是趕在最後一秒衝進教室、找到最後一個空著的位置，並在課程結束後立刻收好東西，衝到隔壁的喬氏超市（Trader Joe's）去買更多我壓根不需要的冷凍食品。我是不是應該要更早抵達教室，並在課後多逗留一陣，期待有人會來找我說話呢？

我曾有幾天提早抵達教室，和一些熟面孔閒談過幾次。我甚至和其中幾人在社群媒體上互加好友，和他們分別完成了整套的「之後要找時間一起喝個酒」對話。但是，所有關係都僅止於此。沒有人認真地提出一起喝酒的日期和時間。那麼，我可不可以自己提出邀請呢？當然可以。但是，我不但總是又忙又累，而且在遇到可能遭受拒絕的狀況時，我的普普社交技巧就會完全凍結。

我們這些普通人有時會和一些有共同興趣的人一起參加各種活動，在這種時候，我們需要做的事是**停止擔心自己會因為不夠好而無法和其他人融洽相處**。我們全都同樣在這個社會中努力試著克服這一點，有些人表現得比其他人明顯一些——這種困境會發生在健身訓練時、人脈交流活動中、課堂上，整體來說，我們的整個人生都處於這種難題裡。絕不要以為你的程度比其他人更差，事實上無論其他人表面上看起來如何，他們很可能對各種事物也都是這麼想的。所以，不如就放手一搏吧！去認識不熟悉的人，和你常在健身房遇到的那個人搭話，詢問在課堂上坐在你旁邊的人要不要一起去喝杯咖啡。在人脈交流活動上告訴那個和你相談甚歡的人，你們可以找時間出來聚一聚——並且真的採取行動。做出真正的計畫吧。一切就從這裡開始。如果你永遠不嘗試，你也就永遠不會知道答案，只要你邀請新朋友的地方不是職場，你就不會因此有任何損失。

當對方和你的生活沒有交集時，如何成為朋友

如果你在公司和芭蕾瑜珈教室都沒有看到我的話，我有很大的機率是正窩在

沙發上一邊瀏覽Instagram，一邊把先前已經開看的影集看完（我們再也不能每部影集只看一集了）、正打電話向我媽抱怨某些事情、正在百貨公司購買玻璃羊駝和小靠枕，或者正和老朋友相聚。從上面這段敘述你就能看出來，我不常處於容易結交新朋友的狀況中。

我在成年之後結交的（兩、三位）新朋友都是由共同朋友介紹來的。但我不能依賴這種方法來認識新朋友，畢竟這種事很少發生。到了現在這個人生階段，每當我和朋友相聚時，我都更希望聚會能讓我們用有意義的方式了解彼此近況，並討論彼此的生活狀況。如果我們之中有人把對方不熟悉的第三方帶到聚會現場的話，就很難做到這一點。

所以，如果想要利用老朋友來結交新朋友的話，我是不是應該要請他們幫我安排一場「朋友相親」呢？我的意思是，確實有些朋友會告訴我，我一定會超愛他們的同事，或者我和他們的某個朋友個性超搭，但事實上我和他們的同事或朋友連一次都沒見過面。我是否應該在聽到這些描述時請朋友幫我「做安排」？又或者我應該要提議一場「兩對朋友的約會」？說不定我也有一個朋友能和對方處得很好。

我從來都沒有發自內心地接納這種狀況，我總覺得這種狀況散發著極端的「尷尬氣氛」。為什麼呢？因為當你在和熟人聚會時，把一個其他人不熟悉的人帶來的話，會使得氣氛瞬間變得很「活躍」。在這種狀況下，你必須主動參與那些會讓你耗盡心神的對話，努力嘗試認識你不熟悉的人。這麼做的問題在哪裡呢？最糟糕的部分是「嘗試」。沒有人喜歡嘗試。

但是，如果你想交新朋友的話，你就必須願意嘗試。畢竟友誼其實就像婚姻一樣，只是少了夢幻婚禮、只對一人忠貞的承諾和各種法律鳥事。如果你想要建立友誼並維持下去的話，就必須離開舒適圈、認識更多人並努力維持聯繫。

我認識的人之中，有許多人都為了認識戀愛對象而參加運動社團，或參加以相同興趣為導向的交友聚會。最後他們因此認識了一些新朋友。這簡直就像是電視影集《鑽石求千金》[4]（*The Bachelor*）會出現的情節。這個影集的重點不只是募集Instagram追蹤者而已，他們要募集的還有友誼。雖然有時他們也會募集愛情，但這一點的爭議就比較大了。

那麼，若我們這些普通人想交新朋友的話，要如何擴大我們的日常活動範圍呢？首先，我們可以在日程表中添加一些額外的日常活動！我們當然可以做些瘋狂的嘗試，例如搬到一座陌生的城市，置身於一個只有陌生人事物的陌生地區。又或者，我們也可以繼續留在人事物都很熟悉的地方，尋找一些也熟悉這些人事物的人。無論身在何處，我們都可以找到普通人組成的團體，這些人的共通點可能是養狗、跑馬拉松或在特定產業工作。基本上，我們需要做的只有嘗試，接著我們就可以讓平凡的自己走進這個平凡的世界。

在著手結交新朋友前的重要事項

說到底，像你我這樣的普通人若想要認識新朋友，真正需要做的事其實是擺脫不自信並利用自信來尋找友誼。**你不需要是個傑出的人，也一樣可以交到新朋友**。事實上，太過傑出甚至有可能會使其他人不想要你進入他們的生活中。你要

---

4 編按：美國真人實境影集，節目中會有二十五位女性一起爭奪一位男性的青睞。

知道的是，你和其他人一樣並非完美無瑕，正是因為你擁有缺點，所以其他人才會想要和你建立連結、一起歡笑、共同成長。身為普通人，代表你就像其他人一樣，你能引起其他人的共鳴。請接納、承認你的平凡。

有時候我會猜想，如果我和莉安見面時，能全心接受自己的不傑出，而非把焦點放在努力使她對我印象深刻的話，事情會不會有什麼不同。我們會不會找到更多共同點？她會不會再約我出去？我們兩人會不會正一起背包旅行穿越歐洲？她會不會選擇邀請我參加她的婚禮？她會不會介紹我和她的孩子認識？若我能擁抱自己的缺陷，說不定就會因為結交新朋友而改變我的人生。如今，我永遠也不會知道答案了……但我永遠都不會停止猜想。

當你們的生活圈變得截然不同，還能當朋友嗎？

我這輩子最大的恐懼之一，就是隨著時間推進，我的朋友將會一個接著一個消失。如果我在某天起床的時候，所有朋友都消失了，那我該怎麼辦？如果我在某天變成了母親，而我邁入青春期的孩子都不在身邊，丈夫又總是在工作，並且我突然意識到過去二十年來我都忘記回覆朋友的訊息，導致我變成了孤單一人的話，該怎麼辦？我的人生會不會正朝著這個方向前進（當然不會包括「丈夫忙到忽略妻子」這種事情啦——我的結婚對象絕不會忙到沒空理我）？成年之後，我的生活型態一直沒有太大的變化。難道身為既平凡又不傑出的普通人，無論如何我都注定只能邁向這種結局嗎？

我一直都很清楚，隨著時間流逝而失去朋友是很平常的一件事。只不過，我從沒想過這種事也會發生在我身上。我一直覺得我的友誼很強大，遠勝過巴拉克．歐巴馬（Barack Obama）與蜜雪兒．歐巴馬（Michelle Obama）的婚姻、湯姆．漢克斯（Tom Hanks）與麗塔．威爾森（Rita Wilson）的婚姻以及《欲望城市》（*Sex and the City*）的主角莎拉．潔西卡．帕克（Sarah Jessica Parker）與《蹺課天才》[5]（*Ferris Bueller's Day Off*）的主角馬修．柏德瑞克（Matthew Broderick）的婚姻全部加起來的總和。但接著我發現，事實上這些友誼比較像是彼得・大衛森（Pete Davidson）與亞莉安娜・格蘭德（Ariana Grande）[6]、珍妮佛・羅培茲（Jennifer Lopez）與班・艾佛列克（Ben Affleck）以及金・卡戴珊（Kim Kardashian）與克里斯・漢弗萊斯（Kris Humphries）之間的關係。短時間來說充滿樂趣，但注定無法長久。

在我親眼見證我和朋友的友誼消逝的過程中，我意識到其實這些消失的關係中，有許多並不是真正的友誼。我太想要靠著認識多到不同尋常的朋友來證明自己有多棒，以致於忘記了與人建立深入連結的重要性。我和多數人的關係都是表面上的友誼，而我缺少的其實是「有意義的友誼」。

但這並不是我在二十多歲開始失去朋友的唯一原因。很多事情都在逐漸改變。有些人開始往新方向前進，無論是真實層面還是隱喻層面的新方向都有。他們愈來愈忙著過自己的生活。要命的是，我也開始忙著過我自己的生活。我們的生活型態再也無法同步，我們的日常生活變得截然不同。

我開始思考，友誼的基礎是否在兩人都是相同類型的普通人時才會成立。那麼，如果你和朋友的生活方式天差地遠的話，例如你和配偶以及小孩住在郊區，而朋友則是單身住在城市，那麼你們還能當朋友嗎？如果你理想中的娛樂活動是穿著瑜珈長褲、不穿內衣也不化妝，花一整個晚上坐在沙發上看電視，而你朋友理想中的娛樂活動則是盛裝打扮到市中心去玩的話，你們還能當朋友嗎？如果在你看來是一大筆錢的金額對他們來說只是零頭的話，當你們要一起做一些需要花錢的事情時（老實告訴你，大約九成的社交活動都需要花錢），你們還能當朋友嗎？

劇透警告：答案是可以。

接下來，我要說一則故事。

當對方的生活狀態與你不同，該如何當朋友

我正坐在美甲沙龍的按摩椅上瀏覽電子郵件，這時電話響了。

---

5 編按：《蹺課天才》是一部一九八六年上映的美國喜劇電影，馬修・柏德瑞克為其劇中主角演員。以上列出的名人皆擁有長期、穩定的婚姻生活。

6 編按：以下提及幾對名人情侶皆以短暫的情感關係為人所知。

「你要接嗎？」坐在我身旁的朋友柔伊問我。

我又花了一秒盯著電話看，覺得有些困惑。「是瑞秋打來的。她想用Facetime跟我視訊。」我現在已經很少和瑞秋講電話了，更不用說視訊聊天。我知道這是怎麼回事了。「我一定要接，她很可能訂婚了。」

我滑動螢幕接起視訊，我沒看見瑞秋的臉，只見一顆閃耀的鑽石在我又髒又有裂痕的iPhone螢幕上晃動。我發出了一聲充滿舞臺效果的尖叫，這是世界各地的人在得知女性朋友訂婚時可以發出的叫聲，但當然並非強制規定。「你訂婚了！」我用在擁擠的美甲沙龍中不至於使我太過尷尬的最高音量對她大喊。

螢幕突然變成瑞秋欣喜萬分的臉龐，她把鏡頭轉向未婚夫，接著又立刻轉回她的臉。

「恭喜你們！太棒了！真替你們感到高興！」我是不是應該再多讚美幾句？我不太確定該怎麼做。我以前從沒遇過這種事。瑞秋是我的所有朋友中第一個正式訂婚的人。

我又發出一聲興奮的尖叫，藉此換取一點時間，思考接下來我該怎麼做。我從各種浪漫喜劇中學到，接下來的合理反應是問她：「他的求婚夠驚喜嗎？」但一想到這個問題，我的聲帶就凍結了。原因有二。一：沒有人的求婚真的會是突如其來的「驚喜」。這可是長達一輩子的要命承諾耶，不可能在從沒有討論過的狀況下，就猝不及防地決定要在某天求婚。二：我憑什麼預設是他求婚的？難道在所有異性戀關係中，都必須由男性來求婚嗎？如果真是如此的話，這是為什麼？女人也一樣可以求婚。

「快告訴我詳細經過！」我決定用這句話接下去。但老實說，我根本不在乎詳細經過，我想詳細了解的只有她的戒指。但我止住了提問的衝動。畢竟，我應該要對這位新訂婚好友道聲恭喜的原因，應該是她決定要和某人共度一生，用稅務和401k退休金[7]帳戶和對方綁定在一起，直到她老得長滿皺紋而且胸部也下垂為止，而不是恭喜她拿到一枚昂貴的戒指，能讓她到處炫耀直到死亡（或離

7編按：401K退休福利計畫，是美國於一九八一年創立的一種延後課稅的退休金帳戶計畫，由於相關規定明訂在國稅法第401K條中，故以此稱之。

婚）將她與戒指分開。

和瑞秋聊完之後，我掛掉了視訊，這時柔伊立刻看向我說：「你和瑞秋的友誼很快就要出現大改變了。」

但我當時並不了解這是什麼意思。瑞秋和我是多年好友，現在只不過是她要結婚，而我八字沒一撇罷了，怎麼會使我們之間的友誼出現改變呢？

到了隔年，瑞秋開始用婚禮計畫帶來的試驗與痛苦填滿我的收件匣，我不了解這是怎麼回事。我看著她陷入婚禮計畫狂熱，因而開始思索一個人怎麼會該死地完全陷入「花朵安排與DIY投影比任何事情都還重要」的人生階段。每一個新娘都會這樣嗎？不知道等我變成新娘時，是否會改變以往的想法，不再認為所有婚紗看起來都一樣，並開始受到主桌中央擺飾的吸引。

過了幾年後，我也規畫起了婚禮。我暗忖著，我終於趕上瑞秋了。我可以背誦出目錄中每種花的名字，我去麥可手工藝商店（Michael's）的婚禮區實在太多次，多到我就算蒙著眼睛也能行走無礙。我試著聯絡瑞秋，想和她討論我新發現的共同興趣，但她卻意興闌珊。時光飛逝，她已經往前走了。我們的生活不再相同。

這是否代表我們之間的友誼注定會消逝？是不是因為她已經當媽媽了，所以覺得我的興趣與人生重大事件，都比不上她的興趣與人生重大事件？是不是因為她已經創下了買房的壯舉，所以她覺得我的成就算不上傑出？是不是因為我的生活型態和她比起來太過低於平均水準，所以她覺得花時間和我相處不是最佳選擇？

我和瑞秋認識的時候，是因為共同興趣而變成朋友的。當時我覺得我們實在太相似了，我們的感情一定會一直都很緊密，但我現在卻開始覺得共通興趣已經不夠了。或許共同興趣只能在兩個人之間點燃吸引的火花，真正能使兩人如膠似漆的是相似的生活型態。

在我觀察著我們的友誼出現變化的同時，也開始懷疑我的其他友誼。

那些單身的朋友會不會因為我結婚了而逐漸消失？如果我搬到郊區的話，那些住在城市的朋友會不見嗎？如果我生了小孩的話，那些沒有孩子的朋友會不會消逝？如果我的日常生活和他們的日常生活逐漸變得不同，他們會不會脫離我的人生風景？

一開始成為朋友時，我們全都相似得要命。每一個朋友都是如此。改變的速度怎麼會這麼快？這群人都是同樣的年齡、來自同樣的背景、曾擁有相同的日程與周末晚間活動，他們怎麼會突然開始過起截然不同的人生？

有時候我會猜想，如果我是今天才遇到那些老朋友的話，我們是否仍會成為朋友。如果我是今天才在職場上認識瑞秋的話，我們會不會相約去喝酒或喝咖啡呢？又或者我們會因為在彼此身上找不到共同點，所以維持點頭之交？我想說的是，如果我早就知道哪些人的生活會變得和我一樣的話，我的朋友組成會不會變得截然不同？

答案是：我希望不會。

你在電視節目中，有哪一個主角的所有朋友都非常相似的嗎？沒有，對吧？他們必定是非常典型的不同種人。你會看到單身的人、已婚的人、離婚的人、有錢的人、窮困的人、熱愛跑趴的人、養育小孩的人。如果所有朋友都一模一樣的話，這個電視節目就太無聊了。在現實生活中也是一樣的道理。如果你周遭的一切事物都一模一樣的話，人生怎麼有趣得起來呢？

擁有共同的興趣或處在類似的狀況下或許能幫助你結交朋友，但這些事物無法維持友誼。**真正應該負責維持友誼的是你**。要如何做到這一點呢？接下來讓我們一起討論。

為你在乎的朋友騰出時間

維持友誼是件辛苦的事。你不但必須付出努力，還必須付出時間。有哪個普通人能擁有一大堆多餘時間，可以維持一大堆友誼的呢？沒有任何一個。

所以，普通人要如何當一個夠好的朋友，並和其他人保持聯絡呢？這個嘛，首先，你要先打電話給朋友。由我來說這件事似乎顯得有點虛偽，畢竟我一直以來都很害怕用我真正的聲音和其他人講電話。我從小就是這樣了。我在小學時期，媽媽會把電話拿給我，鼓勵我打給別人，約他們出去玩，而我只能瞪著她，因為一想到要聯絡同學我就嚇得半死，要是他們根本不想和我扯上關係的話，我該怎麼辦？

如今一切仍然沒有改變。有時候，我好像仍能聽見媽媽告訴我：「薩曼莎，你不能只期待其他人主動約你！你也必須成為那個主動的人。」就像我小時侯一樣。但是，一想到要打給當下可能不想跟我講話的熟人或朋友，我就快要焦慮症發作。若接著再想到我要毫無理由地打給別人，只為了聊天，你可能馬上會看到我躺平在地板上。

感謝上帝，讓我有網路訊息可用。但網路訊息也會帶來各種問題。

如今我們有管道可以和其他人一直保持聯繫了，但這既是一種祝福，也是一種詛咒。科技的進步使我們認為我們應該每時每刻都和其他人保持聯絡，也使我們覺得若沒有用夠快的速度回覆其他人的訊息，那麼我們的溝通技巧必定很差。但是，過去曾有一段時期，你根本不可能和其他人維持這麼頻繁的接觸，你知道那時發生了什麼事嗎？友誼仍然存在。也就是說，**就算你不擅長每時每刻都和你在乎的人對話，你們的友誼也一樣能存活下去**。這也代表就算你不擅長每時每刻都在和其他人說話，也沒有關係。

你得找到一個保持聯繫的頻率，才能順利地為在乎的人騰出時間。這代表你不需要每天都和朋友聯絡，但你應該要**每隔一段時間去問問他們過得如何**。你們不需要頻繁見面，但你應該要計畫好，每隔一段時間和他們聚一聚。你不需要馬上回覆訊息，但你終究應該要試著回覆。

你真正要做的事只有一件，那就是為其他人騰出時間。畢竟「我很忙」只是一場騙局。我很清楚，你下個月的計畫表中還有很多可以調整的空間。此外，你至少會有一些時間能放鬆。請用明智的方式，分配休閒時間。

為什麼當個足夠好的朋友就夠了

我常猜想，我的朋友會不會和我一樣，也覺得自己維持友誼的技巧頗糟的。或許他們也一樣害怕打電話，或許他們也一樣只會傳超爛的網路訊息。又或許除了我之外的每個人都能夠每時每刻用電話聊天，從早到晚都在和朋友傳訊息，同時還能夠應付誇張的工作量與忙碌的日程計畫。或許我才是廢物之中的廢物，劣等品中的劣等品。我還是個女孩時，曾以為我能和每一個朋友維持友誼，但後來我卻發現，當我忙著思考友誼時，其他人則全都忙著和彼此討論人生，進行有意義的深入談話。

然而，事實遠非如此。在現實世界中，每個人都在努力試著維持友誼與生活之間的平衡。如果身為普通人是一份工作的話，這份工作的簡介大概會有六十八頁那麼厚。當你必須同時顧及一百萬件小事時，你是不可能擅長每件事的。但是，也不會有人真的期待你擅長每件事，只有你自己會這麼想（或許還有你的父母，但要是他們真的這麼想，需要好好冷靜的就是他們），所以，只要能做到足夠好，你就可以滿足了。

在你力所能及的範圍內，你能最到的最好程度往往就是「足夠好」，所以如果你是個足夠好的朋友，那就太好了。你已經做得超棒了。

十一種失去也沒關係的朋友

以下是十一種失去也沒關係的朋友：

1. 永遠都在忙的朋友。

我：「嘿！你這個周末有什麼計畫嗎？」
朋友：「今天晚上要待在家，周六是家族派對。」
我：「喔，沒關係，但我們最近應該找時間見個面！」
朋友：「當然沒問題。」
我：「嘿！你這個周末有空見面嗎？」
朋友：「啊，沒有耶。我人在外地，下周一才會回家。」
我：「沒關係！再找個時間見面吧。已經好久沒見了。」
朋友：「一定。」
我：「嘿！這個周末要不要找天晚上一起吃飯？」
朋友：「工作多到我快瘋掉，可能下禮拜吧。」
我：「對啊，工作真的超討厭的。下禮拜再約吧！」

聽好了。到了這個地步，你就可以放棄了，我曾和許多我以為是朋友的人有過類似的對話，而且次數絕對多到超乎你的想像。或許在我聯絡他們的時候，他們確實很忙，但如果他們夠在乎這段友誼，之後他們應該會主動聯絡我，並提出一個他們方便的時間。但多數人並沒有那麼做。一開始，我會覺得友誼因此消失令人惋惜，但後來我才反應過來——每個人都一樣很忙，但不會有人的行事曆上是一周七天、每天二十四小時全都排滿行程的。如果這些人也當我是朋友的話，他們應該會為了和我見面而努力。可惜我和這些人的關係並非友誼，我和這些人的關係根本已經不是朋友了。老實說，這樣也好。我平常已經很忙了，我需要努力騰出時間見面的人當然是愈少愈好。每件事都會有優點。這個故事的教訓是：如果有人一點都不在乎你，你也不需要繼續在乎他們。

2. 有害的朋友。

無論是你的朋友對你的行為提出批評，還是你對他們的行為提出批評，你們雙方對於事物的不同看法都不會影響友誼。或許他們覺得你太常出去玩，或許你覺得他們不成熟，或許他們覺得你很宅所以很無聊，或許你不喜歡他們的伴侶，或許他們覺得你沒有發揮真正的潛力，或許你覺得他們的生活太捉襟見肘。

無論你們對彼此抱持何種想法，友誼都可以繼續存在。但是，如果有人無法接受你是個平凡又普通的人的話，你還想要跟他們當朋友嗎？不了，謝謝。如果他們不能接受你的真實樣貌，你會希望自己因為他們而一直感到焦慮嗎？大可不必。你不該把有害的東西一直留在身邊。有害的東西是廢棄物，請把廢棄物丟掉。

3. 搬家後就很少聯絡的朋友。

我以前常說，立刻同居的情侶都很聰明，他們馬上就可以釐清彼此是不是在浪費對方的時間。我覺得朋友搬到美洲大陸另一頭，也是在對友誼進行類似的測試。這個測試能讓你迅速釐清你們的友誼是不是真的，又或者你們只是「近距離朋友」——也就是以非常靠近的物理距離當做基礎的朋友。過去這幾年來，我有一些朋友在他們的郵遞區號和我的郵遞區號變得截然不同之後便失去聯絡，我因此發現他們都是「近距離朋友」。我們在電話上再也沒有話題能聊，也沒有理由傳訊息。這種「友誼測試」的好處就是，你會發現哪些關係是真正牢固的友誼。舉例來說，我有一位摯友住在洛杉磯，我和她聊天的頻率遠勝過我和住在三公里外的波士頓的幾位朋友聊天的頻率。這種狀況立刻就會讓你知道，你和朋友的關係有多牢固。

4. 只要住在三公里外就永遠見不到面的朋友。

重點在於你必須下定決心離開沙發——無論你要開車到多遠的地方，值得的見面永遠都會是值得的。過去這幾年來，我意識到我對於某些人來說並不「值得」，也意識到有些人對我來說並不「值得」。事情是這樣的，我超愛待在家。我超愛看電視。我超愛我的沙發。我超愛睡覺。我每個禮拜能做這些超愛事情的時間很有限，所以若想要我離開沙發上軟綿綿的靠枕，你必須真的值得我這麼做才行。話雖如此，但我也完全能理解與接受有些人覺得我是不值得的。反正我也有我要做的（或不做的）事，掰啦。

5. 永遠都是你先傳訊息的朋友

請想像一下，我一天到晚都在主動聯絡某人，問他們：「最近怎麼樣？」「一切都還好嗎？」「工作狀況如何？」「你這周末要做什麼？」接著再想像一下，對方永遠都不會問我這些事。過了一段時間後，這種鳥事會使我感到非常焦慮，我為什麼要一直主動聯絡根本不會聯絡我的人呢？在遇到這種人時，我會停止傳訊息給他們，等待他們採取行動。多數人永遠都不會主動聯絡我，這是因為單向的友誼其實並不是友誼。道理就是這麼簡單。反正我也有夠多朋友會主動聯絡我了。

6. 老同事。

沒有人是為了交朋友而去工作的，但是由於你幾乎每個工作天都會和這些人相處至少八小時，所以你和同事免不了會變成熟人。有時候，你們甚至會真的變成朋友。或許你們偶爾會在下班之後一起喝酒，抱怨工作上的事；或許你們會在周末和對方的親友一起出去玩。但是，無論你和同事間的關係是熟人還是真的朋友，一旦其中一人離開這間辦公室並找到新工作，這種友誼鮮少會延續下去。你曾經每天閒談的對象就這麼消失了。

大約只有百分之一的職場友誼，能在雙方停止一起工作後繼續延續下去，我必須為這些友誼掌聲喝采。要是可以的話，我很想請教那些人有什麼祕訣，可惜我光是要維持現在的友誼就已經手忙腳亂了。若再加上前同事的友誼，我絕對應付不來。

7. 找到新伴侶的朋友。

每次我開始談戀愛，都會認真地確保我花在伴侶身上的時間與花在朋友身上的時間是相等的。不過，並不是所有人都會這麼做。有些人的多工能力真的爛透了。他們一旦有了伴侶，就會把時間全都放在伴侶身上，幾乎不會花時間和朋友見面。我見過的幾個例子中，這樣的人在分手之後，會很難和朋友重新建立聯繫。這種狀態並不健康。

我也見過其他狀況：有些朋友會在戀愛之後徹底變成另一個人——你有可能

根本不會想和這個人來往。或許你的朋友和你見面時，他們的伴侶不一定會出現，也或許他們的人格出現了轉變。但無論你喜不喜歡這些朋友轉變後的樣子，你們之間的友誼都會改變。這一切都是因為他們開始和新對象約會。遇到這種事的時候，你必須捫心自問：這個人現在是不是展現出了本性？他們一直以來都是這樣嗎？接著，你必須決定你是要接受還是放下這個朋友。畢竟，你是不可能控制其他人的戀愛生活的。

8. 有趣，但無益的朋友。

他叫做德瑞克。我的朋友們都全心接納德瑞克的加入，畢竟人愈多愈開心嘛。德瑞克是個有趣的人，也是個好人。德瑞克每次都會答應和我們一起出去玩。但過了一陣子之後，德瑞克變成了一個混蛋——不，應該是說，我們突然發現他其實一直以來都是個混蛋。

每個人都認識一個德瑞克。他喜歡占便宜，愛管閒事，總是在操控別人，還時常嘲諷煽動朋友。他的批評會使你懷疑和其他人的友誼。德瑞克很有趣，但有趣的人並不等於朋友。雖然你可能還沒發現生活中也有一個德瑞克存在，但或許這段描述，能幫助你意識到你確實也認識一個德瑞克。

9. 你媽媽不喜歡的那個朋友。

在我成長的過程中，媽媽常會告訴我，她不喜歡我的某個朋友。每當我問她理由時，她只會告訴我：「那個朋友給我的感覺不好。」我不懂那是什麼意思。我當時深愛我的每一位朋友，而且還覺得自己非常擅長看人。

我一直不知道她說的話是什麼意思，直到那些人開始給我一種不好的感覺。我媽媽說有些人太過關注自己又太自大了，還有些人會對其他人造成不好的影響。雖然我花了好一段時間才意識到這件事，但她說的是對的。隨著時間流逝，這些友誼也逐漸淡去。這些人最後走上我選擇不去走的路徑。他們走的是我媽預測他們最終會走上的路。

這個故事的啟示是：媽媽在評論你的友誼時，通常都是對的。絕不要懷疑媽媽的直覺。

10. 總是說要約出去喝酒，但從沒當真的朋友。

從前從前，你和一個朋友很親近。但接著你們搬到不同地區、擁有不同的交友圈，或者在大吵一架之後一直想要和好。簡而言之：你們不再交談。每次你遇到這個朋友或為了某件事情聯絡他們時，最後都會以下面這段對話作結：

你：「我們最近一定要找時間約出來聚一下。」
朋友：「真的，已經好久沒約了。」
你：「你什麼時候有空？」
朋友：「嗯，接下來幾個禮拜我都很忙，不然下個月好了？」
你：「應該可以。我要看一下行事曆。」
朋友：「太好了！那我們確定一下日程然後挑個時間吧。」
你：「沒問題！」
朋友：「讚啦！」

但你再也沒有向這位朋友提起過這件事，也沒有挑個時間，對方也一樣。又過了幾個月或者兩年，你發現自己又因為某些理由聯絡上這位朋友，最後又以相同的對話作結。簡單來說，請不要再試著和對方約出來聚一聚了，這件事永遠都不會成真。這也沒有關係。在偶爾傳訊息給熟人的時候，不去擔心你們是否該約彼此見面其實是一件超級正常的事。你不需要和那些人再次成為朋友。

11. 只沉浸在自己的世界中的朋友。

這種朋友不是因為太忙所以沒空找你。他們常會邀請你去看他們的狗、房子、小孩等，也會邀請你去參加他們策畫的活動。但是每當你想要找這種朋友一對一見面，他們從來都不會答應。每當你自己策畫了活動，他們從來都不會參加。

雖然你們可能時常會傳訊息聊天，但友誼不只是偶爾來回的訊息而已。朋友不但必須為對方騰出時間，也必須為對方的世界騰出時間。要離開這種朋友絕對是你最難接受的一件事之一。沒有任何事情出錯，你們也都很喜歡彼此。你們無法成為朋友，只是因為你們兩人過的是截然不同的、再也無法彼此契合的人生。

如何擁有足夠好的社交生活

《欲望城市》有一集的劇情，是女主角凱莉．布雷蕭（Carrie Bradshaw）在躺上床要睡覺時，突然接到熟人打來的電話，邀請她去酒吧喝酒。她因此離開床鋪、化上全妝、整理頭髮、穿上衣服與高跟鞋，走出家門去見朋友。

這是什麼狀況？

她為什麼要這麼做？

哪有人會這樣做啊？她是瘋了嗎？沒錯，只有瘋了才會這麼做。

雖然《欲望城市》只是電視影集，凱莉．布雷蕭也只是虛構的人物，但我也曾經渴望我能擁有那麼刺激又特別的社交生活。不過事實證明，我的社交生活和她比起來顯得平凡至極。

在二十七歲的周一至周五，我和其他人一樣，會以普通人的身分朝九晚五地上班。我會在比較有進取心的日子去健身。一天結束後，我會回到家裡，脫掉胸罩，坐在沙發上一邊吃起司當晚餐一邊狂看《法網遊龍：特案組》（*SVU*）。開玩笑的啦，真的是開玩笑的。我陷入這種情況的次數才沒有那麼頻繁呢。（真的沒有嗎？）

每個周末都充滿了各種雜事、家族事務、通常是為其他人而非我自己慶祝的活動，以及與朋友一起度過的平凡計畫——至少和我們數年前認為很「興奮」的計畫比起來，我和朋友的計畫十分平凡。如果我不知何故突然有了一個沒有任何計畫的周末，我通常會躲開其他人，並祈禱沒有人聯絡我，如此一來我才能平靜地度過周末。所謂的「平靜」指的是不穿胸罩窩在沙發，手上拿著披薩，或許會出門一趟到百貨血拼去。

難道我的社交生活注定要這麼無趣嗎？身為一名自認擁有外向型人格的普通人，我一直以來都自認是社交生活極為活躍的人。我喜歡和人來往，我一直覺得這樣的行為能讓我的社交行事曆看起來令人驚艷。但事實並非如此。我的社交生活低於預期水平，非常普通，完全與我原本的設想相反。

如果我們要更深入地討論《欲望城市》的話，我覺得自己就像是結婚後和凱莉失聯的那種朋友，失聯的原因當然是因為已婚朋友的生活無聊到爆炸。我絕對不希望有任何人這麼看待我。畢竟我扮演的角色應該是有趣的城市女孩才對！

無論我是否住在城市，我都希望自己能成為一個幽默、活潑又有趣的人，我希望我總是有新消息能和人分享、有故事能述說，也有朋友能約出來見面。無論有沒有孩子，我都希望自己看起來完美又時髦。但我的人生正逐漸往截然不同的方向前進，而我也不討厭這種發展。

我想說的是，我已經累了。累極了。而且我超愛瑜珈褲，也超愛寬鬆毛衣。還有，我非、常、痛、恨穿胸罩。每天化妝？不了，謝謝。我以前會在早上為了化妝而努力擠出額外的時間，現在我則改成為例行保養空出額外時間。如果我非得要每天早上化全妝，才能過上我渴望的傑出社交生活的話，那我願意立刻承認我絕對不可能做到。除了每天化妝之外，我可能還得每時每刻都穿著胸罩，真的要我那麼做的話，我大概只能慘叫著逃跑。

足夠好的社交生活有什麼不對嗎？我想知道答案。在社交與反社交之間努力取得甜美的平衡有什麼不對嗎？畢竟我也不是完全沒有社交生活呀，我每個月都會找朋友見面好幾次。

我的問題在於，和朋友見面的頻率及有趣程度都沒有以前那麼高了——我覺得我的生活應該要足夠有趣，才能向自己證明我的社交生活是不凡的。

到了最後，我只證明自己是錯的。

我以前有過一位朋友，叫做艾咪，她的社交生活就像是真實世界中的凱莉．布雷蕭。每個人都超愛她，都想和她出去玩，而她也有辦法為每個人都騰出時間。她的社交行程上面的每個安排看起來都令人艷羨，她不但一天到晚都和朋友一起參加豪華的短程旅行，而且每次看起來都精力充沛，最厲害的是她還能找到時間計畫下一次旅行。

於是，每當我想要度過一個有趣又刺激的夜晚時，猜猜我會打給誰呢？當然是艾咪啦。

這是一個周六夜晚，我才剛洗完澡。我抓起手機，走到臥室，準備要進行我的洗澡後日常儀式：除了頭上的毛巾之外全裸地坐在床上滑手機。我一邊滑手機，一邊決定我要傳訊息給她，問她是否在附近。我認為她的日程表一定很滿，所以約到她的機率應該不高，但我實在太無聊了，我需要找點樂子。這件事絕對值得一試。

令我訝異的是，她正好在附近，而且有空和我見面，於是我們約好了時間地點。我們要一起吃晚餐、喝點酒，然後是典型的「到時候再看看要去哪」。如果今天和我見面的是其他人，那麼晚餐後的「再看看」可能會變成雙方各自回家，但今天和我見面的是艾咪，我對於「再看看」之後會去哪裡毫無頭緒，並且非常期待。

和艾咪的約會

為了迎接這刺激的夜晚，我努力離開床鋪、化好妝、吹好頭髮——我最痛恨吹頭髮了，這正是我總是設法避免洗澡的主因。

一切就緒後，輪到了我的下一個儀式：衣服挑選大賽。我喜歡把衣服挑選的過程比喻成一整季的《鑽石求千金》。我會試穿許多衣服，找出我最喜歡與最不喜歡的服飾，並直接宣布不喜歡的衣服失去參賽資格。經過幾次艱難的抉擇後，我會挑出我最喜歡的幾件衣服，進行影集中的「返鄉約會」，也就是我穿上這些衣服並把照片傳給朋友和家人。接著，我會在「最終玫瑰儀式」上做出最後的選擇，我會選出我最喜歡的兩套衣服試穿，挑出最喜歡的一套，並祈禱我在這麼短的時間內做出正確決定。

那天晚上，我選的是我以前就很喜歡的一套衣服：寬鬆的黑色長袖絲質上衣，搭配貼身皮褲和山姆・艾爾曼[8]（Sam Edelman）的黑靴。

我拍了二十四張自拍照，希望至少有一張照片中的自己能讓我滿意（但我全都不滿意），接著我看向時鐘，發現我必須在二十分鐘後抵達餐廳。該死。我叫了Uber、抓起包包然後衝出門坐車。

我像四級龍捲風一樣衝進餐廳，一邊對著女服務生微笑，一邊匆忙走向最裡面的酒吧。我遠遠地就看到艾咪坐在那裡喝著白酒，她正和身旁的一位中年男子說話。我才在猜想這名男子是不是艾咪帶來的伴，他就起身離開了。

「嗨！」我一邊和她打招呼，一邊把包包和皮外套丟到吧臺上，跳上艾咪身邊的高腳凳。

「嗨！」她回答。我們彼此擁抱。唉，擁抱。到底為什麼我每次和朋友打招呼和道別後都要和他們擁抱啊？我的意思並不是我痛恨擁抱，但我確實覺得擁抱的頻率已經高到太超過了。對我來說，擁抱如今已經有點失去意義了，從很多層面來說，這都不是件好事。我在前幾個禮拜下班後，和幾位同事一起去喝酒，道別時我出於習慣和他們一一擁抱，但其中一位同事卻露出「你醉了嗎？」的表情。接下來還會發生什麼事？難道我以後要在上班時用擁抱和同事打招呼嗎？這件事一定有什麼問題。我離題了。讓我們回到我和艾咪的夜晚。

「是你的熟人嗎？」我問她，接著伸手拿起面前的菜單。

「不是，他只是剛好坐在這裡。」看吧，所有人——就連隨便一個陌生人——都超愛艾咪的。至於我呢，我則會用擁抱把人嚇跑。

艾咪和我佐著前菜與白酒，聊起彼此最近的生活。她描述了最近她有哪些超讚的約會，我則描述我在今年夏天參加的幾場婚禮。她提到她即將要參加一場令人期待的歐洲旅行，我則回饋一點也不令人艷羨的獨自外出散步行程。她說了她

8 編按：山姆・艾爾曼是二〇〇四年成立於紐約的女鞋品牌。

在工作上剛獲得升職，我則避免向她提起任何與工作有關的事情，畢竟我的工作實在算不上有趣。

「接下來你想去哪呢？」我問她，心中暗自希望她已經想好了最完美的一間酒吧，而且因為那間酒吧實在太酷了，所以我一定連聽都沒聽過。

「不知道耶。你呢？你想去哪？」

「你才是比較常外出的人。」我大笑道。「我現在很少外出，已經不知道哪裡有好玩的了。」

「我去的都是這種餐酒館。而且我已經有一陣子沒有外出了，你外出的次數一定比我多。」

「喔。」我回答。我很震驚艾咪原來並沒有像我想像的一樣，過著凱莉・布雷蕭的精彩生活。

我們來回討論，想決定下一個地點，最後我們毫無頭緒，決定要詢問我的兩個弟弟在幹嘛。各位觀眾，聽好了！他們和朋友在距離我們四百公尺外的夜店裡。我把訊息拿給艾咪看，我們相視而笑，然後聳了聳肩，決定要去那間夜店。

首先，我要花一點時間感謝酒精，若沒有酒精，我是不可能做出這些決定的。接著，讓我們回到我和艾咪安排的下一個節目。

我們付完帳之後穿上外套，往夜店走去。我們才走出餐廳一分鐘，我就陷入了恐慌。我剛剛怎麼會答應要去夜店呢？我已經累了，而且吃得很飽。此外，我根本就不想要排隊。所有夜店都需要排隊。難道擁有超讚社交生活的祕訣就是排隊嗎？若是如此的話，我就得重新評估我是不是真的那麼想要擁有超讚的社交生活了。

我們終於抵達夜店時，外面的排隊人潮已經一路延伸到街底。

瘋狂的夜店經驗

艾咪看到了我露出驚恐的表情。「不然，我們先排隊等個幾分鐘就好。」她說。「畢竟我們都已經花時間走到這裡了。說不定裡面超棒的呀。」她說完後，對著一群經過我們面前的女孩點點頭，她們全都穿著露出肚臍的短版上衣。

「好吧。」儘管我只穿了一件薄外套，根本沒有準備好要在這種天氣待在戶外，但我還是同意了。我完全無法理解那群女孩怎麼有辦法露出肚臍。我都已經快冷死了，而且我全身上下都裹得緊緊的，只露出臉和手而已。

幸運的是，排隊的隊伍前進得很快。我們支付了二十美元的入場費，讓工作人員在我們的左手蓋上微笑印章，接著我們便走進夜店裡。我們沿著走道前進，音樂的聲音愈來愈大，貝斯的樂聲也愈來愈強，最後我們走進有一個巨大舞池的空間裡。我的頭已經在痛了。

「這間夜店看起來太瘋狂了。」我對艾咪說。

「什麼？」她用吼叫聲蓋過音樂聲。

「算了，沒事。」我告訴她。

「什麼？」她再次大吼。

我突然想起我為什麼再也不喜歡這種生活型態。

我的兩個弟弟和他們的朋友看到我們之後，立刻跑了過來。在我們彼此打招呼的時候，我聽見一聲巨響，一大堆五彩碎紙從天花板飄了下來。人們興奮地尖叫起來。我開始思考我到底為什麼要陷入這種亂七八糟的處境中，同時在不斷閃爍的光線中試圖看清楚周圍的夜店咖長什麼樣子。

「我要去買酒。」艾咪大喊，「要不要幫你買？」

我花了大約一秒鐘時間考慮要不要答應她，接著我開始覺得頭已經在暈了。

「我這樣就行了。」

「好。」她聳了聳肩之後，便去買酒了。她不可思議的充沛精力使得她走在那些年輕人之中也不顯得突兀。

我獨自站在兩個弟弟和他們的朋友之中，覺得累壞了，頭也陣陣作痛。我現在只想回家上床睡覺。

我尷尬地隨著音樂搖擺身體，同時因為我的聲音難以蓋過震耳欲聾的音樂而選擇不說話，就在這個時候，一名男人走過來邀我去跳舞。我搖頭拒絕，接著繞到舞池的另一邊。我的兩個弟弟看到這一幕後對視了一眼，藉著酒後的恍惚跑去對那名男人大吼著要他邀我跳舞。

我看著他們對著這位陌生男人大吼大叫，思考著我要不要離開。艾咪還沒回來。我猜她大概在吧臺那裡遇到什麼人了。我現在獨自一人，站在一間我根本不想逗留的夜店裡，周圍擠滿比我年輕四到七歲的人，還有一大堆成年男性正對彼此大吼大叫。我決定是時候該回去了。我拿出手機，叫了回家的Uber，然後走去吧臺找艾咪。正如我預期的，她正在和吧臺那裡的人談天說笑。我沒有打斷她，只是傳了訊息說我要離開，然後走到夜店門口等車。

「很遜耶。」她回覆。

我坐上Uber的後座，從駕駛座和我打招呼的是一位嘮叨的司機。我試圖假裝我忙著用手機，希望能避免對話，但我失敗了。等到我抵達家門前，我已經知道這位司機四個小孩的名字和生日、他妻子在哪裡長大以及做什麼工作，還得知他高中畢業舞會時的主題曲。每次搭Uber的時候，我遇到的不是這種狀況，就是全然地沉默。沒有任何司機落在中間值。

「太好了。」我說完後下了車，抵達我住的公寓。「祝你好運！」我對這位新朋友說完後便關上車門。

他駛離這條街時，我開始在包包裡翻找。鑰匙。我找不到鑰匙。我陷入了恐慌。

寧可待在車子裡

我打了一通電話給當時還只是男友的丹，希望他還醒著，能幫我開門。他沒有接。我再打了一通。又一通。又一通。又一通。還是沒接。

我走到公寓的前門，輸入了開門的密碼，但想要開門就必須等丹用手機回覆開門要求（超蠢的設計）。丹仍然沒有回應。我試圖想要靠我的開鎖技能打開前門，但我這是想騙誰呢？我根本不會什麼開鎖技能。

我只希望能打開眼前這扇門，爬上樓梯，走進我的公寓，去上個廁所，然後脫掉胸罩上床睡覺。只要丹能接起電話，我就能進家門了。我已經打了好幾通電話了，他總不可能睡到聽不見我的電話吧。這是不可能的事情，對吧？

我繼續打電話給丹。事實上，我已經打了三十六通電話給他了，每一通都轉進了愚蠢的語音信箱裡，我都已經把語音信箱的電子語音背起來了。我開始哭泣。

到了這個時候，時間已經是凌晨兩點。我需要尿尿，我的膀胱愈來愈漲，於是我決定要撤退到我的車子裡。其他人常會問我，為什麼要把車鑰匙和家裡的鑰匙分開放。在這件事發生之前，我也不知道為什麼，但現在我可以告訴他們原因了：以免我把自己鎖在家門外，又需要找個地方暫時待一下。

我鑽進我的本田CR-V前座，鎖上車門，再把椅子調整到往後躺平，如此一來，我就可以躺在椅子上，不會有人看見我（雖然公寓後面的停車場裡一個人也沒有，但你永遠都不會知道附近哪時會突然冒出一個人，我可不想冒這個風險）。接著，我繼續打給丹，他一直沒有接電話，同時我開始扭動我的雙腳，瘋狂抵抗想要尿尿的衝動。

這時我已經覺得很冷了。還記得嗎，我只穿了一件該死的薄外套。我啟動車子，開啟暖氣。我坐在車裡，開始思考這裡是否安全。我實在太累了。我想要稍微睡一下，等到丹終於接起電話後，我就能進家門了，但如果我睡著的話，會不會一氧化碳中毒？我把其中一扇車窗開了一條小縫，讓空氣流通，接著用手機搜尋「睡在啟動的車子裡會不會死掉？」

就在大約凌晨三點，我收到弟弟傳來的訊息。「你在哪？來我家。」

我回覆：「我被鎖在外面了，現在躲在我的車子裡。丹沒有接電話，我進不去。我只想進家門。」

接著，艾咪打了過來。我接起電話。「哈囉。」我回答時帶著一點點抽噎聲，我試圖隱瞞我正坐在車子裡一邊哭泣，一邊努力不要死在車裡以及不要尿褲子。

「你到底在幹嘛?別待在車子裡，過來你弟家啊。叫輛Uber過來。」艾咪說。

「不用，沒關係，我沒事。再等一下丹就會接電話了。」

「他才不會。」她大聲地蓋過身後一大堆人製造的聲響。

「等一下，你怎麼會跑去我弟家?」我問。

「我也不知道。」她說。

「是不是有人在彈吉他?」我問。

「對啊，這裡人超多的。過來就對了。」

但我不想過去。事實上，我現在只想回到我的公寓裡。我道別後掛掉電話，現在我把雙腳夾得超緊，就像一路憋尿到迪士尼樂園入口的小朋友一樣。我已經快忍不住了。我考慮過尿在褲子裡，但我絕不能這麼做。我的汽車座椅會溼掉。我絕不能尿在汽車座椅上。但是膀胱愈來愈漲了，我非尿尿不可。我得想方法解決。

我又打了好幾通電話給丹。他仍然沒有接。

「丹，你這個混帳！」我對著自己大吼一聲，把我自己不負責任地選擇沒帶家裡鑰匙出門，又喝酒喝到每三分鐘必須尿尿一次全都怪罪在丹的頭上。

幸運的是，我想到了一個好主意。我必須先到後車廂去。我不想要離開我的車，我很擔心會有人看到我，所以我爬過座椅，滾到後車廂，找到了我的目標：超市的塑膠袋和一條海灘巾——它們是我通往甜美釋放的門票。

我在後車廂脫下我的貼身皮褲，在超市的塑膠袋裡尿尿，最後用海灘巾把自己擦乾淨。接著，我把貼身皮褲穿好，爬回駕駛座。

回到駕駛座後，我再次打給丹，每次他沒有接電話，我就哭得更凶。到了凌晨四點左右，我開始不確定我還能維持清醒多久了。我想稍微小睡一下，但我實在太害怕會有人看到我在車子裡睡覺，並因此試圖打破車窗把我殺了。所以我一邊打瞌睡，一邊打電話給丹。

直到早上五點半，太陽已經開始升起，我終於接到一通電話。是丹打來的。

「嗨。」我用怒火沖天又鬆了一口氣的聲音接起電話。不過，我只花了三秒鐘慶幸丹沒有死在公寓裡，只是在我打了兩百通電話的期間都在睡覺。鬆了一口氣的感覺馬上就消失，只剩下滿腔怒火。

「真的很抱歉。」他說。他指的是我傳給他的一百則爆氣訊息，幾乎每則訊息都是全大寫，都在問他「為什麼不接起該死的電話」以及「為什麼要該死的這樣對我」。「我馬上到外面接你。」他說。

我沒有回答。我直接掛上電話，等著他出現。

他走到車外，打開車門，然後抽了一下鼻子，問我有沒有聞到什麼奇怪的味道。

「有。我在後車廂尿在超市的塑膠袋裡。」我下了車後告訴他。

他用滑稽的表情看著我。

我們打開後車廂，拿起超市的塑膠袋和海灘巾，在走回公寓大門的途中把它們丟進垃圾桶。

回到公寓後，我立刻脫掉胸罩，然後想當然耳地進了浴室。我準備要上床時，丹問我：「至少昨天晚上應該很有趣吧？」

「哪裡『有趣』了？」我回答後，告誡他接下來的二十四小時都不要跟我說話。然後我就上床睡覺了。

我從那天晚上學到的教訓是，每個人對「有趣」的定義都不一樣。你不能強迫自己覺得「有趣」。這種事是做不到的。有趣是一種感覺，而且因人而異。你甚至有可能會在不同的日子對「有趣」有不同的感受。我試圖依照我過去對有趣的想法，強迫現在的自己覺得「有趣」，但我卻只能感覺到無趣。我沒有意識到，對現在的我來說，無趣才是真正的有趣。

我的社交生活一直以來都已經足夠好了，不需要變得超級傑出。我不需要像凱莉．布雷蕭，甚至也不需要像艾咪一樣，在日程表中塞滿各種聚會和活動。我現在的一切就已經夠好了。

「足夠好」的社交生活

接下來，我想要和你們分享我學到的一些重要事項，如此一來，你就能和我一樣，全心接納已經足夠好的社交生活。

1. 你可以自行定義何謂超讚的社交生活。

說到底，社交生活和比基尼身材一樣。只要你穿上了比基尼，你就擁有比基尼身材。只要你有生活又有社交，你就擁有社交生活。你不需要去夜店或酒吧，你甚至不需要去餐廳，也一樣能擁有社交生活。你更不需要舉辦或參加晚宴。畢竟這個世界上沒有任何人能規定你的社交生活應該是什麼樣子。你大可以按照自己的想法過上你喜歡的社交生活，你也可以按照自己的想法定義何謂超讚的社交生活。喔，對了，你還可以隨時改變你想要和你享受的事物。

我太晚才明白這個道理，以致於最後不得不在後車廂的超市塑膠袋裡尿尿。事情跟我想像的不太一樣，我的生活之所以改變，並不是因為我變得「不有趣」，也不是因為我的社交生活不夠特別，而是因為我改變了，而是因為我對「有趣」和「特別」的定義改變了。我在好幾年前對「超讚的社交生活」下了定義，但我沒有意識到我可以改變這種定義。不過其實我可以，而且我也確實這麼做。如今我的「超讚社交生活」也包含了各種快樂的普通活動，例如獨自一人或和朋友一起坐在沙發上什麼也不做。

2.令人驚艷的社交生活，有可能是一種負擔。

在《欲望城市》和《六人行》（*Friends*）等影集中，論及社交生活時，所有成人都有時間和精力能和朋友一起外出，但這種事其實非常不切實際，而且還有點嚇人。

我之所以會說那種社交生活不切實際，是因為你朋友的住處很可能離你沒那麼近。每個人都忙著處理自己的事，你也一樣忙著處理你的事。光是和一個朋友喬好見面的時間就已經夠難了，更不用說和一大群朋友見面。請想像一下，你每天晚上都強迫自己這麼做，甚至只要想像每周這麼做幾天就好。這麼做絕對會讓我壓力變得超大，使我的蕁麻疹超級大爆發。

有鑑於你並不是機器人（你應該不是吧？），所以你很有可能也會覺得累。我想說的是，我個人是絕對沒辦法像《欲望城市》的凱莉一樣，在已經躺上床的平日晚上跳下床，精力充沛地衝去酒吧，但說不定只有我這麼想而已啦。

3.平庸的社交生活，能讓你在兩個世界中都獲得最棒的體驗。

我親愛的朋友們，這就是最適合發展快樂平凡生活的地方。身為一個普通人，有時候你會想要做某些事，有時候則不想做。你知道嗎？只要你接納了足夠好的社交生活，你就能同時全心接納在沙發上度過一整晚以及和朋友出去玩一整晚。

你再也不會痛恨沙發，也不會責怪都是靠枕害你沒辦法擁有令人羨慕的社交生活。你也不會痛恨你的朋友不夠好玩或不想要每時每刻和你一起做些特別的事。你會覺得無論是在家度過或是在外度過的夜晚都非常開心，無論這些夜晚有多平凡都一樣。畢竟說到底，開心才是最重要的，不是嗎？親愛的讀者，請找到令你開心的平凡生活，然後再也不要放手！

4.如果你很享受你在做的事，那麼你就已經擁有超讚的社交生活了。

你的社交生活（以及你的整個人生）應該是你想要的樣子，而不是其他人想要的樣子，而且沒有人能夠因此批評你。如果你需要花一整晚的時間被鎖在公寓外並在車裡尿尿才能釐清自己真正想要的社交生活是什麼，沒關係，就這麼做吧。你將會因為接受自己真正的樣子而鬆一口氣，就像我在憋尿三小時後終於尿出來的感覺一樣。我可以向你保證，這兩種感覺真的很像。

如何取消計畫：給社交能力平庸者的專屬指南

你不想去，他們其實也一樣

好吧，這件事說起來有點尷尬。你計畫要在一個半月後的周二下班時間和一位雜貨店遇到的老朋友出去喝酒。你們在雜貨店相遇時不斷說著能遇見彼此真的很棒，接著你和他約好日期和時間，要認真聊聊彼此近況。然後，你把這個計畫放進手機行事曆，和這位老朋友道別，開開心心地繼續對所有香蕉進行詳細檢查（應該不是只有我會在雜貨店花三十五分鐘，仔細察看香蕉的每一吋外表才買下吧？我在雜貨店時把七五%的時間都花在這件事上）。

等到距離見面日期剩下一周時，你開始覺得慌張。當初為什麼要約他呢？到底在想什麼？天啊，你約的可是周二耶。如果你真的要翹掉周二的健身訓練課的話，你應該會比較希望能把這段時間用來追求平凡的生活型態，整個晚上都不穿胸罩地窩在沙發上看電視。而且你約的甚至也不是朋友，你約的只是熟人而已。你要怎麼解決這件事？或許你可以得個腸胃炎，或者肺炎，或者單核白血球增多症。你咳了幾聲。嗯——聽起來不夠沙啞耶。你打開家裡的所有窗戶，把衣服全都脫掉，只剩內衣。現在是一月中旬，外面冷得要命。至少現在你有機會因為生病而取消這次見面了。

好吧，我只是在開玩笑，你不會這麼誇張的。應該不會吧？

時間來到周二。你起床時聽見窗外傳來傾盆大雨的聲響。外面黑漆漆的，你一點也不想起床工作，更不用說在工作後做任何事了。但是，該死的。你工作後有事要做。你已經排定計畫了，而你的社交技巧不夠傑出，無法想出能輕易解套的方法。

手機上的天氣程式告訴你，今天一整天都會如此悲慘，如果你沒辦法逃離這個該死的計畫，你也一樣會如此悲慘。你可以傳訊息說你起床時生病了，必須取消這次見面。你也可以傳訊息說你的小孩或你的狗或你的伴侶或你家出了狀況，必須取消這次見面。你還可以傳訊息說你對下雨過敏，所以很不幸地必須把這次見面安排到其他時間，但你不想這麼做——你不想把見面安排到其他時間！你只想要永遠取消見面。此外，你也不可能會對下雨過敏，但這件事不是重點。

你不斷思考著該怎麼做，壓力大到一整天都沒有完成任何工作。你不想要被別人抓到你說謊，你不想要被貼上怪胎的標籤，你也不想要其他人開始流傳說你是個總是取消見面計畫的邪惡角色，否則的話，要是其他人再也不願意約你見面了，要怎麼辦？但是，你到底要如何取消這次見面呢？

接著，你在下午四點左右接到一則訊息。

「嘿！真的很抱歉，但我有點事要忙，所以必須取消今晚的見面了。抱歉這麼臨時才取消！」

這是什麼該死的玩笑嗎？

你花了一分鐘生氣對方沒有在這則取消訊息上花費半點功夫（拜託，你的藉口在哪裡?你說啊?說啊?),接著你突然一飛衝天,從辦公室的屋頂衝向太空,摸到月亮,然後一路暴跌回自己的辦公椅上。

現在,你可以在下班後回家脫掉胸罩了!

又或者,現在你可以去健身了,但你是不可能會去的!

讚啦,說不定你甚至會開一瓶紅酒來慶祝呢。

你的平凡計畫被平凡地取消了。

真是該死的謝天謝地。

故事完結。

接著,讓我們來討論一下吧。

為什麼你打從一開始會那麼害怕要取消這些計畫呢?你約的人顯然也想要取消這個計畫。就算對方一開始真的很期待和你見面,也真的是因為臨時有事必須取消,但他們對這次見面的重視程度也沒有高到他們願意解釋清楚原因。他們甚至也沒有問你要不要另約時間。

你們對這個計畫的基本看法是一樣的。你們兩人都不想見面。

為了避免未來再次遇到這種狀況，請避免和你沒興趣見面的人相約見面。但取消計畫的欲望不會因此消失。拜託，我也一天到晚都在取消計畫啊。就算是和我最好的朋友或我丈夫約好要見面，我也會取消。我甚至會取消和我自己的計畫。以今天為例，我本來應該要在下午五點半去上芭蕾瑜珈課，但我在最後一分鐘陷入恐慌，取消了課程，並因此支付十五美元的臨時取消費。我就是這麼不擅長依照計畫行事。就算對方要求我支付十五美元的臨時取消費，我也百分之百願意為了取消而付錢，畢竟有時候我就是不想要做那些事，我選擇放過自己。

但我必須先說清楚，我不會在每次想取消計畫時都取消計畫。舉例來說，如果我計畫好要參加婚禮的話，我就不會因為不想要和那些參加婚禮的人相處，而在最後一分鐘臨時取消。因為我已經回覆請柬了，所以我會認命地參加。我還沒有那麼混蛋。除此之外，婚宴上的免費酒吧簡直棒呆了。

這就是為什麼我會為了「在最後一分鐘取消計畫」制定一份指南，如此一來，我們這些普通人才不用太過擔心必須做一些答應要做但又不想做的事情。祝你取消愉快！

如何在最後一分鐘取消計畫，同時又不會像個混蛋

讓我們依照計畫的重要性定義層級，並檢視不同層級取消計畫時，可以使用的藉口。

一級計畫：這一個層級的計畫重要性超越了平均值（也就是重要計畫）。一旦你回覆婚禮請柬，答應要出席，對方在付款時就會以此為基準。如果要取消，必須拿出最厲害的藉口。

二級計畫：沒有一級計畫來得那麼重要，也就是說這些計畫和你一樣：它們很平凡。這個層級的計畫值得你逼迫自己離開沙發，也或許不值得。建議使用最厲害的藉口。

三級計畫：宏觀來看，這些計畫其實真的不怎麼重要，但如果你重視你們的友誼，你可能不會想要隨意取消這些計畫。若想維持友誼長存，請務必提出優秀的藉口。

四級計畫：這些計畫不需要任何藉口。如果你在最後一分鐘突然覺得不想去，你可以不要去。畢竟就算你沒有出現，也不會有人因此感到氣憤。遇到這種計畫時，只要對自己誠實就行了。

計畫	哪一個層級	原因？	最後一分鐘取消的可接受藉口
婚禮	一級	若你已經在收到婚禮請柬後回覆出席了，那就不應該取消。其他人已經因為你要出席而付錢了。請尊重他人。	死亡相關事件、止不住的爆炸性腹瀉、緊急手術、結膜炎。
其他與人生重大事件相關的活動（嬰兒受洗、畢業典禮、告別單身派對、小孩的舞蹈會、同學會）	二級	如果人數在這項活動中很重要的話，那麼只要你告知要出席，就應該出席。雖然其他人在這些活動上因為你出席而花的錢沒有婚禮那麼多，但你還是應該尊重其他人。	家族緊急事件、肚子超級痛、手術、如果該活動不能帶小孩的話可以說保母臨時請假、車禍、結膜炎。
小孩的生日	二級	這是小孩的生日耶！哪有人會答應出席小孩的生日派對之後，又不出席的啊？	所有傳染性疾病、家族緊急事件、肚子痛、車禍。

計畫	哪一個層級	原因？	最後一分鐘取消的可接受藉口
約會	二級	如果這是你和對方的第一次約會或類似的行程，你最好做好取消後再也不會見到對方的心理準備。請做好風險評估。	流感、肚子痛、家族緊急事件、「工作方面的事」。
工作相關活動	二級	請盡可能地試著參加工作相關的活動，藉此建立人脈並與同事來往，但你當然也不可能每次活動都參加。	肚子痛、如果你要順便請假不去上班的話可以說你罹患傳染疾病、家族緊急事件、你的小孩出事、你的狗出事。
生日晚宴	三級	每個人每年都會生日一次，所以生日並沒有那麼重要，但如果這個活動是為了你和少數人特別計畫的，那請你試著認命出席活動吧。	肚子痛、傳染疾病、保母臨時請假、小孩生病、工作走不開。
晚餐派對	三級	如果主辦晚餐宴會的人把你算在出席人數內，也已經買好食材並確認菜單了，那麼請你別當個混帳。可以的話，請出席這場晚宴。	肚子痛、傳染疾病、保母臨時請假、小孩生病、工作走不開。

計畫	哪一個層級	原因？	最後一分鐘取消的可接受藉口
朋友舉辦的派對	三級	雖然派對算不上太重要，但如果你的朋友非常希望你參加的話，你應該至少試著出席露面一下。	肚子痛、傳染疾病、保母臨時請假、小孩生病。
與單一朋友約的所有活動	三級	由於你們約的是一對一的活動，所以如果你取消了這場活動，這位朋友的這一天或這一晚就泡湯了。別忘了這一點。	肚子痛、可能會傳染的疾病、家族事件、小孩生病。
熟人舉辦的派對	三級	就算你出席了也沒差。	你不需要藉口。你就是無法到場。他們不會在意。他們和你根本不熟。。
和多位朋友一起待在家或一起出門	三級	就算你出席了也沒差。你不需要藉口。告訴他們你不想去就好了。	請不要忽略網路訊息或在隔天假裝你睡著了。直接告訴他們你改變心意就好了。他們不會在意太久的。

計畫	哪一個層級	原因？	最後一分鐘取消的可接受藉口
和熟人一起吃晚餐、喝酒或喝咖啡	四級	就算你出席了也沒差。但這可能會導致你之後再也不會和這個人一起約出來見面，所以請小心處理。	你不需要藉口，但你也可以說你覺得身體不舒服。如此一來，對方才不至於覺得你是個混帳。你永遠也無法預知你未來會不會想再約這個人見面。

我享受足夠好的社交生活！

Chapter 3

沒人會批評你的樣貌

談談「健康快樂的平凡生活」

No One Is Judging Your Average Body – Except You

... and other thoughts about striving for healthy happy mediums

當我們沒有魔鬼身材時

「幾個月了？」結帳櫃臺的女人在告訴我要付多少錢後，熱心地提出這問題。我疑惑地看了看她，接著低頭看向我雙手捧著的六小盒披薩高塔。我暫時空出一隻手，從口袋裡掏出現金，同時祈禱著這些盒子不會在這一秒倒塌。

我在亂七八糟的信用卡、禮物卡與舊收據中尋找我爸爸給我的披薩錢，同時思考著櫃臺的女人在說什麼。「幾個月了？」是在說我和家人搬到這裡幾個月了嗎？還是在說學校放假幾個月了？

「抱歉，口袋東西太多了。」我把我在櫃臺上蒐集好的現金遞給她。

接著，我把空出來的那隻手重新放回披薩盒高塔底下，突然注意到剛剛我一直把披薩盒放在我的肚子上面。不是靠著，是放在上面。我看起來簡直就像是個——孕婦。

收銀員仍對著我微笑，等著我回答她剛剛提出的問題。

「喔，我沒有——」我喃喃自語道，「沒有——」

我說不出口。

她把找零拿給我，仍對著我微笑，但夾雜一絲困惑表情。我立刻轉過身往餐廳大門衝去。我低頭盯著披薩盒，不想看見旁邊有哪些人，不想知道誰可能聽見了我們的對話——不想知道誰可能覺得我懷孕了。

那時我十八歲，因為學校放寒假所以回家住一陣子。我確實在大一的第一學期增加了一些體重（學校食堂每天晚上都供應薯條，體重增加也是很正常的事吧），但我確定我並沒有懷孕，畢竟我當時還是處女。我只是穿著一件對我來說不合身的上衣罷了，我猜應該是這件衣服凸顯了我的肚腩。接下來讓我描述一下我的狀況。

我從來都不是個瘦子。我媽則不一樣，她在青少年時曾穿過露肚臍的短版上衣（我看過照片），而我則遺傳了爸爸那邊的基因，換句話說，打從我離開子宮的那一刻起，我就擁有緩慢的代謝系統，而且食物是我的弱點。薯條、雞塊、健怡百事可樂、貝果、披薩、起司餅乾……這份清單沒有盡頭。在成長的過程中，我常會在晚餐時段靠著吃青菜來說服媽媽我吃得很健康，接著我會在晚上把薯片偷拿進房間，把證據藏在床底下（我以為她永遠都不會發現這些薯片的袋子。劇透警告：她後來還是發現了）。

我從來都沒有重到不健康的程度過。雖然我每年都會在體育課時被保健室的老師告誡說我已經「過重了」，有老師甚至會依據BMI指數說我達到「肥胖」程度，但我早在年紀還很輕的時候就知道了這個事實：BMI是個狗屎系統。假設我這個身高一五七公分、身上有許多肌肉、可以穿上霍利斯特[1]（Hollister）小尺寸衣服的青少女都被說是肥胖了，那其他比我更胖的人要怎麼辦？

這是我從來都不覺得我有辦法喜歡這具身體的眾多理由之一。其他理由包括：

1. 青少年時期的絕大多數時間我都在芭蕾舞團裡，也就是說，我每周要花好幾個小時穿著韻律服和緊身褲襪，在一個充滿瘦子與鏡子的房間裡跳舞。相較於其他女孩，我的體型絕對稱不上「還好」，我在鏡子裡看見她們與我並列的時間每多一秒，我對自己的肚子和大腿的不自在感就愈嚴重。

2.我家臥室裡有一面全身鏡，因此在舞蹈課結束後，我的不自在會繼續加劇。我會把衣服脫光站在鏡子前，轉向側面，然後把肚子縮起來，想知道若我更瘦一點會是什麼樣子。

3.我會讀雜誌和看電視。雜誌照片上和電視節目上的女人幾乎全都有六塊肌，若我看到的是沒有六塊肌的女人，她們通常都能誠實面對自己的大尺碼身材。我則兩者都不是，那麼像我這樣的身體，到底應該要歸類在哪裡呢？

4.我在青少年時期穿的衣服是十碼和十二碼，或者L號和XL號。但這些尺寸其實根本不大，它們都是中等尺寸。但出於我不明白的理由，人們非得把其中兩種尺寸稱作大號與特大號。我們的衣服尺寸就像BMI一樣，整個系統都爛透

1 編按：霍利斯特是美國 Abercrombie & Fitch 旗下的服飾品牌，主要以南加州衝浪氛圍來呈現整體商品的風格與形象。

了。想想看，比「特大號」還要更大的尺碼才能算得上「加大尺碼」耶，這件事太扯了，簡直就好像我們的社會正在逼迫人們對自己的身體發展出反常的認知一樣（至少從我的經歷來說是如此）。

5.在高中與大學時期，我是啦啦隊員。如果你不是啦啦隊員的話，我知道你腦海中正在想像什麼。你正在想像一個典型的美國啦啦隊員——金髮又纖瘦的漂亮女孩——這個社會一直都在訓練你做出這種想像。我不是那種女孩，不過我非常擅長當啦啦隊員。我的動作俐落到爆，而且我的大腿讓我擁有無敵強壯的下半身，可以跳啦啦隊特技動作。但是，我因為自己看起來「不像是」啦啦隊，而感到十分不自在。

6.我在大學第一學期增重了大約六點八公斤，放假回家時在披薩店遇到的收銀員問我懷孕幾個月了。

我在那天拿著披薩回到家後，直接把東西丟在廚房，跑回臥室緊緊關上門，大步走到全身鏡前。我轉向側面，立刻就看見了——至少我覺得自己看見了這個景象：看起來像是懷孕四到五個月的肚子。接著，我脫掉衣服，再次仔細凝視我的身體。我痛恨我的身體。我痛恨它如此平凡。我痛恨我的肚子。我痛恨我腰上的贅肉。我痛恨我的大腿。

痛苦的減重計畫

我走進浴室，踏上體重計。八十三公斤。我兩年前的體重比現在少了將近十四公斤。

我再次看向鏡子裡的自己，眼中逐漸蓄滿淚水。到此為止了，我再也不要因為體態而感到沮喪。我想要擁有令人稱羨的身材。我出於不明原因，認定只要改變我的身材就能改變我的人生，就能使其他男人突然覺得我充滿吸引力。我認定纖瘦的身材會使更多人想要當我的朋友。比平均值更棒的身體，將會使我在人生的各個方便都變得比平均值更棒。我這樣的想法是對的嗎？根本大錯特錯。但是我是不是因為這種充滿了遐思的思考過程而有動機做出改變呢？完全正確。

我一開始的減重計畫中，八〇%的努力用在放棄薯條和披薩，二〇%的努力用在計算卡路里與運動。我很希望我能告訴你這只是玩笑話，但並不是。我必須痛定思痛才能放棄薯條和披薩。

雖然這個計畫很有用，我在頭幾個月成功每周減掉半公斤至一公斤的體重，但我失去了耐心。因此，我很快就大幅調降卡路里攝取量。

我以不健康的心態擁抱「飢餓終究會過去」這句格言，強迫自己必須等到想吃零食的時候再吃正餐。只要不外出社交，我就會嚴格限制自己只能喝一點點飲料和吃一點點垃圾食物。我還記得那年夏天的一個晚上，我在運動完之後，發現晚餐只剩下披薩可以吃。我當時餓極了，所以我必須吃披薩，但我限制自己最多只能吃一片。我有多餓都不重要。我絕對不能在追求「比平均值更好」的身材時，把事情搞砸。

到了那年夏末，我總共減掉將近七公斤的體重。我回到了還不錯的七十六公斤。我的衣服尺寸落在八至十二之間，取決於我買的是哪個牌子的衣服。儘管我知道我看起來變瘦了，但也知道自己仍然是過重的。因此，我不認為目前為止的進步是足夠的。

那年秋天，我將要以大二生的身分回到學校，在回學校的數天前，幾個高中女性好友找我去芝樂坊餐廳（Cheesecake Factory）吃飯。我在心中掙扎著要不要去。這次開學後，我要到冬天才會放假回家，我希望能在這之前和她們再見一面，但我的飲食控制已經維持這麼久了——而且未來還有很長的路要走（至少當時我是這麼想的）。

我以前去過芝樂坊餐館（The Cheese cake Factory）吃飯，我知道他們會在上正餐之前提供免費的熱麵包（有黑麵包也有法式麵包），而且我總是點起司漢堡和薯條。我知道我可以改點沙拉，也知道我可以不吃免費麵包，但是，我真的有足夠的自制力能這麼做嗎？

到了這個時候，我逐漸發現我在控制飲食這方面有點太誇張了。我每次和別人聊天的主題都是我的每日卡路里攝取量，我的健身計畫對我來說比生命中的任何人事物還要更重要。如今我竟然只因為害怕免費麵包，就考慮要拒絕和接下來四個月都不會見面的朋友一起吃飯？我到底怎麼了？我一定要去和她們一起吃頓晚餐。自從我遇到「幾個月了？」這個問題後，我一直表現得很好，至今已經經過六個月了。這只是一個晚上而已，能造成什麼傷害呢？

我前往餐廳，在女孩們身旁坐下來。我們緬懷過去一起度過的夏季，討論未來的學年，與此同時，我忍不住一直在思考等一下我要如何避開那些麵包。等到服務生把麵包籃放到桌上後，每位女孩都各拿了一片麵包。我則坐在位置上盯著她們看，覺得口水都快流出來了，我必須再三提醒自己，我不能拿麵包。但是，接著我又想，到底為什麼不能拿呢？難道光是一片麵包，就會讓我的飲食控制計畫徹底失敗嗎？最後我拿起一片麵包，並因此拿起第二片，還有第三片，和第四片……接著，我在點沙拉的同時也點了一份薯條。

晚餐後，我一回到家就衝到浴室。我覺得自己糟糕透頂，接著我脫掉所有衣服，站到體重計上，想知道我造成了多嚴重的後果。我在一天之中增加了兩公斤。我仔細考慮要不要把這一整餐都吐掉，不過我從來都沒有強迫自己嘔吐過。我不知道該怎麼做——甚至也不知道我能不能做到。

我看向馬桶，看向體重計，接著看向鏡子。我必須做到。我必須強迫自己嘔吐。我打開水龍頭，跪在馬桶前面，把兩根手指插進喉嚨深處，等待麵包、薯條和沙拉的殘餘物從喉嚨湧出來，落進馬桶裡。嘔吐了四次之後，我的鼻子痛得要命，眼睛也不斷流淚，我以前從沒有過這樣的感覺。我按下馬桶沖水閥，站回體重計上。我少了一公斤。就好像我從來沒有吃過這頓晚餐一樣。嘔吐起作用了。

我向自己保證，以後再也不會這麼做了。只有這一次例外。我沒有飲食失調的問題。我很好。截至目前為止，我都是用很健康的方法減掉體重的。接下來我會回到學校上課，繼續維持飲食控制，直到我達到滿意的體重為止，直到我看起來比一般體型更好為止。我很好。

當減重與社交生活發生衝突

回到學校之後，我遇到的每個熟人都誇讚我瘦了。

「喔，謝謝，但我知道我還有很大的努力空間啦！」我會如此回答。我無法接受這些欽佩，至少現在還不行。現在我的身材還不到我滿意。

每減掉一公斤，我會覺得自己變得更貼近一般人。我覺得自己和其他人愈來愈像，雖然沒有顯得特別突出，我也不是能夠在派對上吸引許多男孩子的那種女孩。不，我那些身材比較好的女性朋友才能做到這一點，至少我是這麼告訴自己的。雖然我認為必須擁有出眾的外表才能擁有傑出的生活，但無論我的外表變得如何，我總是能在鏡子裡找到使我心神不寧的新瑕疵：副乳、圓臉頰、背部贅肉。我就是沒辦法認為我已經成功了。

減重變成我在學校遇到的嚴重問題。我很難在食堂找到健康的食物，而朋友又一天到晚都想約我出去玩。在大學時期，我的字典裡沒有「不出門」這個詞（我當時的錯失恐懼症〔FOMO，Fear of Missing Out的縮寫〕非常嚴重），所以只要朋友打算出去玩，我也會跟著出去，出去就代表會喝酒，而只要是我和酒精共存的空間，你就一定會看到披薩。

開學短短數周後，我在某一次晚上出去玩回來時量了體重，卻看到從開學以來到現在都沒有變過的數字。雖然我一直努力控制飲食，但晚上外出喝酒和吃披薩的不健康行程，抵銷了我為健康付出的努力。我遇到停滯期，但我不太確定該怎麼做。

我不想從此都不和朋友出去玩，社交是我最愛的活動。我也不想要吃得更少一點，有些人可以靠著每天只吃少量食物過活，但我沒辦法，光是把每天的卡路里攝取量維持在建議的數值之內就已經夠困難了。我每天都會在食堂看到一些非常纖瘦的女孩幾乎什麼都沒吃，我常會想，她們大概也不會隨身攜帶一些不時之需的備用零食，也不會在睡前放縱自己吃薯片當宵夜。難道我非得這麼做，才能擁有好身材嗎？

我唯一能想得到可幫助我繼續減重的方法，是在吃下不健康的食物之後強迫自己嘔吐。並不是吃了所有食物之後都要吐，只有不健康的食物，比如喝酒後吃的幾片披薩；餐廳的一大碗義大利麵；半夜吃的薯條等。我覺得，既然我無法改變我的飲食習慣，那麼至少我能迫使自己把吃下去的吐出來。想當然耳，我仍然覺得這種狀況不算是飲食失調，畢竟我只是「偶爾」強迫自己嘔吐而已。我這個人最不平凡的地方，大概就是我連續許多年都如此相信吧。

在那些年間，我會健身、健康飲食，並在攝取任何不健康的食物之後逼自己嘔吐。我的體重在七十五公斤與最低紀錄六十五公斤之間來回波動。但無論體重是多少，我還是一直把焦點放在我的瑕疵上。我看著鏡子裡的自己時，從來不會為了自己的腰變細或手臂變緊實而慶祝。我站在鏡子前，只能看見瑕疵。我的肚子是不是太大了？我是不是看到了贅肉？背後的脂肪怎麼辦？我的大腿看起來是不是超級粗壯，有沒有辦法能讓大腿看起來沒那麼粗？我的臉看起來比平常還要腫，我是不是有雙下巴？

我開始思考，我是不是應該要吐得更頻繁。但不行，我覺得一旦我吐得更頻繁，就會變成貪食症患者。要知道，我每年強迫自己嘔吐的次數其實很少。此外，我也不覺得我的身材有飲食失調症患者那麼瘦。我仍然是一個中等身材的女孩，我的穿衣尺碼仍然是八號或十號，我購買的仍然是M號和L號的衣服。所以，我繼續強迫自己嘔吐，直到一切開始改變為止。

你可能會想知道，一切是如何開始改變的。我是如何意識到自己是一個徹頭徹尾的傻瓜？我是如何全心接納自己的身體的？答案其實很簡單：自信。

接下來，我會向你解釋我是如何找到自信的。

芭蕾瑜珈改變了我對身材的看法

我花了七年在健身房使用跑步機做間歇訓練，使用各種重訓器材定期健身，最後因傷到了背，不得不暫停健身。我的體重因此再次上升，我也因此開始更頻繁地把吃下去的東西吐出來。我覺得糟透了，但就是沒辦法逃離這個惡性循環。

就在這時，一位朋友說服我，和她一起去新開的芭蕾瑜珈教室上課。她說這是低衝擊運動，對我的脖子和背有益。我當時渴望改變，也希望能用不會受傷的方式恢復健身習慣，所以我試著去上了課。

一開始，這門課簡直就是地獄。九十秒的棒式？名叫「大腿衝刺」並且本就應該讓你的大腿不受控制地顫抖的練習？用怪異的姿勢緩慢移動腿和臀部並體驗令人想打電話叫救護車的痛苦？救護車的部分是開玩笑的……又或者我不是在開玩笑？芭蕾瑜珈很難，但它帶來的成效顯而易見。我可以向你發誓，我才上了少少幾堂課，就能感覺到我的腹部油脂底下出現腹肌了。我已經做捲腹[2]好幾年

---

2 編按：捲腹（curl-up）又稱屈腹（crunch），能調動所有的腹部肌肉，利用鍛鍊者自身的體重來鍛鍊肌肉，被推薦為一種可在家裡進行的低成本運動。

了，但從來沒有體驗過這種感覺。這堂課改變了我的人生。

但我的人生會改變，並不是因為我有了腹肌，而是因為這堂課徹底改變了我對身材的看法。這是我這輩子第一次對於自己的外觀感到開心。

過去數年來，我在追求的一直都是消瘦而非強壯。我討厭永遠當個普通人，希望我的身材能變得「更好」，而對我來說，「更好」代表的就是「更瘦」。但我過去的觀念是錯的，大錯特錯。

我在上了芭蕾瑜珈課之後，開始對自己的身材感到滿意了，這是我在過去花了那麼多年減重都沒有過的感受。我能感覺到我的身體正在改變，我對這樣的成效上癮。我站在鏡子前面時尋找的不再是瑕疵，而是肌肉。我不再執著於卡路里與我吃了什麼，開始允許自己偶爾放縱一下。我上課的次數愈多，我就愈不在乎自己的體重；我愈不在乎自己的體重，我的感覺就愈好。

這可能是我這輩子第一次開始愛上自己的身體。我很強壯，也很健康。最棒的是：嘔吐再也不是我生活中的一部分了。我意識到我不需要靠著嘔吐減重——更重要的是，我根本不需要減重。我的身材或許沒有非常窈窕，但我不再覺得失望。

我在數周前去修指甲，服務人員在幫我清潔雙腳時抬起頭，指了指我的肚子，說：「小孩？」

我震驚地低頭看向她，再看看我的肚子，然後大笑起來，「不、不。沒有小孩。」

她尷尬地繼續幫我洗腳，我則繼續在手機上滑 Instagram。我不知道她為什麼會覺得我懷孕了。我的棉質洋裝服貼在腹部，所以肚子上的肥肉變得有一點明顯。相較於我緊實的手臂、肩膀與雙腿，我的肚腩凸得有一點不成比例。畢竟，我是個肚子不算平坦、穿著棉質洋裝且身高一五七公分的嬌小女性。

我在回到家後看向丈夫丹，問他：「你覺得我看起來像是懷孕嗎？」我轉身用側面對著他，把手臂舉起來。

「不像。」他回答，「怎麼了嗎？」

我把洋裝拉起來，再問：「好，那現在像嗎？我的肚子看起來像是裝了小孩嗎？」

「不像。」他再次回答。

但我堅持繼續問下去，接著我把洋裝向下拉回原位，把棉布往身側拉緊，讓洋裝緊貼在肚子上。「現在呢？」

「這是陷阱題。」他回答，「你沒有懷孕，對吧？」

「啊哈！所以我看起來的確像是懷孕了。」

「你看起來不像懷孕。你看起來很好。別再問了，好嗎？」

我沒有繼續提問。但這件事還沒完，我走到全身鏡前仔細端詳自己。或許我應該要更常去上芭蕾瑜珈課？或許我應該要開始認真做減肥顧問公司慧儷輕體（Weight Watchers）的運動，而不是愛做不做？或許我應該要禁喝紅酒？哈，最好有可能啦。又或許我其實懷孕了？但說真的，要是我真的懷孕了，我增胖的地方絕對不會只有肚子。我可以告訴你，懷孕的時候全身上下都會胖。

我墜入了恐慌的兔子洞裡。

但是，我很快就制止了自己。

十二年前，在披薩店的收銀員問我「幾個月了？」的時候，我還不是現在的我。那時我感到非常不自在。我不知道如何愛自己，我因為一個陌生人的評論而自我厭惡了好幾年時間，但如今我不會再這麼做了。我不需要這麼做。現在的我，是個自信又聰明的女人，我擁有超棒的曲線、肌肉和強壯的大腿，我深愛我的身體。我為什麼會想要改變呢？

如果你仍在努力試著接納你的身體的話，讓我提供一些幫助吧。請依照以下順序提醒自己，你原本的樣子就已經超棒了：

1. 你的身材和你在生活中遇到的任何事都沒有關係。

你在感情生活中遇到或沒有遇到特定事件的原因，都與你的身材無關。你的事業沒有往特定方向發展的原因，不是你的身材。你沒有特定數量的朋友，也不是因為你的身材。真正影響這些事情的，是你對自己的身材抱持何種看法。如果你覺得自己爛透了，又或者你對自己的外表感到不自在，那麼人們就比較不會聚集在你身邊，他們可能會覺得和你相處不是一種享受。不過，如果你充滿自信的話，其他人都會注意到這件事。自信是有感染力的，人們會受到自信的吸引。無論你對自己的感受為何，其他人都有可能會感覺到你的感受。

2. 維持好到誇張的體態，其實沒那麼棒。

保持好到誇張的體態其實是一種負擔。你必須遵循荒謬的飲食控制，不能跳過任何一次健身訓練（就算你累慘了也一樣），而且生活中會充滿各種非常嚴格的規定和限制。我寧願擁有普通的身材就好。你難道不這麼認為嗎？

3. 你的衣服尺寸，不能定義你是誰。

L號並不是個糟糕的詞。十號並不是件壞事。這些東西都很平常、普遍、常見。我們往往會對這些事物感到情緒化，我們覺得在零售店說出自己的牛仔褲尺寸很不自在，我們也不想在衣櫃裡裝滿某些尺寸的衣服。但說到底，有人會在乎這些該死的事嗎？每個人的身體都是不一樣的，人人都以各自不同的方式，展現出各自的美好。

4. 特定的衣服尺寸，不會使你更好或更差。

我曾在前幾年，為了參加朋友的婚禮而去買伴娘禮服。在六位伴娘中，我的尺寸是最大的十四號，其他女孩的尺寸都是四號。我原本就知道買禮服的行程會充滿壓力，我知道我的禮服尺寸會比平常的尺寸大個兩到三號，但事實卻使我感覺更糟。不過，為什麼會這樣呢？我為什麼會覺得尺寸愈小愈好呢？我有曲線、屁股、胸部、強壯的大腿——這些東西都超棒的。說到底，其實尺寸小並不代表比較好。尺寸小，就只是尺寸小罷了。

5. 每個人偶爾都會覺得自己很平凡。

無論你的尺寸是四號或十四號，又或者任何其他尺寸，你都很有可能曾經覺得自己很平凡，同時你很可能沒有意識到這種感覺本身也很平凡。或許你曾因為要在海灘脫下外衣感到恐慌，你覺得穿上泳衣的時候，只有站著或躺著才覺得自在（這兩個姿勢的中間值全都不行）。或許你曾因為要在朋友面前把飯吃完而感到焦慮，你不希望他們覺得你吃太多。

或許你曾擔心其他人會看出你的體重增加一點五公斤。無論你遇過哪一種狀況，你都不是唯一遇過這種事的人。沒錯，你是個普通人，這也代表你落在常見標準中，代表了有很多人都和你差不多。所以，若你之後又開始擔心要在海灘脫掉外衣，只要記得一件事就行了：我們全都有一樣的感受。所以，請加入我的行列，讓我們徹底結束這件事吧——別再因為自己的平凡而感到羞愧。

對健康抱持平常心，人生會過得更好的八個理由

我終於開始全心接納自己的身體的瞬間，也就不再因為想吃起司漢堡、翹掉健身課程和在職場上吃免費食物等事情而苛責自己。在這之後，我的生活變得好多了。畢竟我們活在這個世界上的時間實在太短暫，短到沒辦法每時每刻都扮演自己的私人教練。親愛的讀者們，看在老天的份上，就吃下那塊該死的蛋糕吧！或者，以我的例子來說，是吃下那片該死的披薩吧！接下來的這份清單，解釋了為什麼對健康抱持平常心，能使你的生活好上幾百倍。

1. 你不需要限制自己享受渴望的事物。

你想吃披薩嗎？那就吃吧。你想吃薯條嗎？那就吃吧。你也可以吃起司、起司漢堡、冰淇淋、餅乾……你什麼都可以吃！不，你不應該吃到肚子會痛的程度（至少不要每次都這樣）。但在論及你攝取的食物時，你應該每隔一陣子讓自己喘息一下。我可以用前飲食失調症患者的身分告訴你，如果你願意讓自己偶爾享受一下想吃的東西，你會快樂得多，遠比你不斷否認自己想吃的東西還要快樂。

2. 你可以自在地吃下餐廳提供的免費熱麵包，不需要抱持嚴重的罪惡感。

身為普通又健康的平凡人，你每周攝取的食物通常都能提供足夠營養，所以就算吃一些沒營養的東西也沒有關係。因此，在餐廳送上麵包籃的時候，你可以拿來吃。當同事傳電子郵件說「茶水間有免費食物」時，你可以去一趟。而且就算你這麼做，也不需要覺得自己很爛。你在維持健康方面已經表現得足夠好了，若你能讓自己過上不後悔的生活，一切都會變得更好。

3. 肚子餓的時候，不會因為無法決定該不該吃零食而充滿壓力。

有時候，我們的生活似乎會在買零食的一周與不買零食的一周之間循環。若你不買零食，接下來就會花一個禮拜的時間覺得要是當初有買就好了；若你買了零食，接下來就會花一個禮拜覺得要是當初沒買就好了。但是，只要你接受了吃零食的快樂平凡生活，這種惡性循環很快就會中止，你將會每周吃下不算過量的零食，而不是這周狂吃零食、下周餓到發瘋。零食的部分大概就是這樣了，但如果你喜歡的零食是薯片和莎莎醬的話，那又是另一個故事了。當你喜歡的是薯片和莎莎醬這兩個絕配時，你吃的零食量絕不可能只是適量而已。老實說，我有點相信薯片和莎莎醬裡加了吸引人類的貓草。還是只有我這麼覺得？

4. 想喝紅酒的時候，就喝。

在我對自己的身材感到不自在的那幾年，我常會拒絕參加與喝酒有關的聚會。無論我是想喝一杯紅酒，還是想喝幾杯伏特加蘇打，我都會看著鏡子裡的自己說：「你的身體現在不需要攝取這些酒帶來的卡路里……你也不需要喝酒後會想吃的食物。」接著我會待在家裡，用薯片和莎莎醬餵養我的無聊，並繼續對自我感到羞愧。我對自己真的很壞。但我為什麼要這麼做？無論我在周五晚上是留在家裡、是和老朋友一起出去吃飯喝酒，還是在下班後和同事去酒吧，我都不會有任何改變。我看起來還是一樣好。我面臨的問題在於，我對自己的身材感到不自在。但如今我對自己的身材感到自在，因此不會再用那麼嚴格的態度檢視我在晚上的飲食習慣，也願意和朋友出去喝酒。社交活動比較頻繁的生活，就是比較開心的生活。我可以向你保證這一點。

5. 你可以翹掉健身課。

有時，我在下班後只想衝回家窩進沙發，一邊開著電視的聲音，一邊用蘋果電腦和手機刷新各種社群媒體的訊息通知。換句話說，有些日子我就是沒辦法做一些有生產力的事，但這也沒關係。生活是一件很累的事。沒錯，我喜歡健身；沒錯，我努力試著每周至少運動三天，但我永遠都不會成為那種每天跑十六公里或在上床前捲腹五分鐘的人。如果我的體脂率因此永遠都只能落在不上不下的數值，那就這樣吧。我不需要為了成為超級健康的人而強迫自己做不想做的事，因為我很清楚自己永遠都不會成為那種人。強迫自己這麼做所帶來的傷害，遠比益處更多。

6. 在不想煮飯的晚上，放鬆一下也沒關係。

有些人不但能每天晚上煮飯，同時還能維持家庭環境整潔、活躍的社交生活與絕佳的體能，每次看到這些人，用嫉妒來形容我心中的感覺都還太輕描淡寫。對我來說，光是要連續兩到三天晚上在家煮真正的、正規的晚餐就已經難以做到，更不用說同時兼顧健身和打掃。每當我不想下廚時，我都會買外帶。我以前常對此感到困擾。我想要當個健康的人。我想要親自替自己烹飪每一餐！但是生活總是會阻擋我們實踐這種事，那也沒關係。我煮飯的頻率已經夠高了，對於我的生活型態來說，這樣就已經超讚了。

7. 不用為了制定嚴格的一周飲食計畫而煩惱，所以擁有更多空閒時間。

飲食計畫和煮飯都是很棒的事，但每周都這麼做會使人筋疲力竭。如果我燃起雄心壯志，決心要詳列我下一周的早餐、午餐和晚餐的計畫，那麼我大概會花上好幾個小時才能完成。好幾個小時耶！我必須去找食譜、預測我在特定時段會是怎樣的心情，接著還要依據我想花多少錢在食材上、釐清吃哪些食物最合理，以及我要貢獻多少時間在煮飯上。就算我真的擬定計畫，我也從來都不會完全照做。我會因為很懶或很累，導致食物在冰箱裡腐壞，接著我會在這一周結束時把它們全都丟掉。這就是為什麼我會在飲食計畫方面試著不要太執著，並尋找普遍但快樂的飲食習慣。如果我真的制定一個飲食計畫，並在一周內確實實踐一半，那我已經做得足夠好了。

8. 就算忙到沒空擬定飲食計畫，也不會因此餓死。

你必定會遇到這樣的日子：你太晚起床，只來得及買外面的外帶食物當早餐。你必定會遇到這樣的周末：你忙到沒時間去超市買東西，或沒辦法考慮下個禮拜的事。你必定會遇到這樣的晚上：你白天吃的不夠多，所以在回家後偷吃點心櫃裡的食物。這些事情全都是普通生活中的一部分。就算你在某一段時間內做的事情全都和健康沒有半點關係，你也無需沮喪。你的生活中只有一部分是如此，而且這種狀況不會每時每刻都出現。難道你想要成為那種根本沒在睡覺、強迫自己吃得超健康，而且無論生活有多累多忙都必需一直健身的瘋狂健康人士嗎？不想吧？你寧願多花點時間睡覺，對吧？畢竟普通人都是很正常的。

二選一遊戲

讓我們針對以下問題，來玩個二選一小遊戲。

1. 在早上準備出門的時候，你選擇：

- 把上班前的整個早上都用來把自己打扮得超好看，希望路人會多看你一眼。

或者

- 不鳥這種事，你不在乎自己在職場上看起來有多普通，寧願把早上用來做你想做的事，例如睡覺、準備晚餐或打掃？

2. 買牛仔褲時，你選擇：

- 由於你對自己的尺寸太過羞恥，所以沒有請任何人幫助你找到合適尺寸的衣服，最後空手而歸？

或者

- 不鳥這種事，你在服飾店時根本不在乎自己的身材，只想請一位員工幫你找到適合的尺寸，最後帶著新買的牛仔褲離開。

3. 在其他人吃辦公室裡的免費食物時，你選擇：

- 聞到你所愛的食物散發出的甜美香氣，但卻因為你不希望同事覺得你的飲食習慣不夠健康，所以努力克制？

或者

• 不鳥這種事，你不在乎同事怎麼看待你不夠健康的飲食習慣，只要茶水間的免費食物散發出美味的味道，你就會遵照鼻子的欲望去吃掉它們？

4. 在穿衣服時，你選擇：

• 看著塞滿整個衣櫃的衣服，抱怨沒有夠好看的衣服可穿，並因此拒絕出門？

或者

• 不鳥這種事，你不在乎其他人怎麼看待你的穿搭，用現有選擇湊合出一套裝束，走出你家門？

5. 量體重時，你選擇：

• 每天都用體重計量體重，雖然體重變化其實對你的影響不大，但你還是依據體重的波動來決定你的心情？

或者

- 不鳥這種事，你根本不需要每天量體重，對自己現在的樣子感到很滿意？

6. 其他人在餐廳點開胃菜時，你選擇：

- 因為擔心吃太多之後其他人會怎麼看你，所以拒吃開胃菜？

或者

- 不鳥這種事，你不在乎其他人怎麼想，只想認真享受美味的開胃菜，畢竟你的飲食習慣已經夠健康。你不需要每時每刻都維持完美。

7. 在餐廳點主菜時，你選擇：

- 就算真的很想吃薯條，也不要在餐廳點，否則要是其他人都點沙拉的話，你該怎麼辦？

或者

- 不鳥這種事，你不在乎其他人怎麼看你，向你值得擁有的美食投降，點了只屬於你自己的快樂中庸健康餐：一份沙拉，附上薯條？

8. 去海灘時，你選擇：

- 對於脫掉外衣感到恐慌，尷尬地躺著脫衣服，把剩下的所有時間都用來繼續躺著，拒絕坐起來，不允許任何人看到你穿著泳衣的坐姿？

或者

- 不鳥這種事，你不在乎穿上泳衣時，自己的身材是否缺點盡現，盡情享受這趟海灘之旅？

9. 把自己的照片傳上網時，你選擇：

- 擔心其他人如何看待你的身材，不斷在內心掙扎要不要上傳這張照片——最後決定還是不要上傳？

或者

- 不為這種事，你不在乎其他人怎麼看待你，你知道這是一張好照片，這樣就夠了。

10. 和其他人社交時，你選擇：

- 由於你不想增加體重，所以拒絕其他人的晚餐邀約，因而錯過一個好像十分有趣的夜晚？

或者

- 不為這種事，你不在乎自己的體重出現波動，只想花時間和你愛的人一起吃飯？

我很高興我的外貌如此！

Chapter 4

我們平淡無奇的愛情

談談「足夠好」的感情生活

Our Love Lives Are Pretty Unexceptional
Compared to the Movies
... and other thoughts about ordinary relationships
and good-enough love

對理想戀情的預想VS平凡的現實

以下是一些我們對於理想戀情的想像，以及實際上會發生的情況：

相遇。

對理想戀情的預想：你在咖啡店裡等著你的拿鐵，有人撞了你一下。你看向他。天啊，這就是一見鍾情。你們聊了起來，很快就發現你們兩人有很多共通點。他就是你的夢中情人。背景響起婚禮鐘聲。你們彼此交換電話號碼。

現實情況：你在咖啡店裡一邊點開手機上的約會應用程式，一邊等你的拿鐵。你開始覺得每個人看起來都一樣，聊起來也都一樣。你已經搞不清楚誰比較適合你，所以你約了其中幾個人這周出來見面。

第一次約會。

對理想戀情的預想：你們相約在一間漂亮、時髦、隱私性強又沒那麼正式的餐廳，你們坐在角落位置，遠離其他人。你們兩人對食物有相同品味，所有餐點都可以彼此分享。你突然發現竟然已經過了三小時。你們在餐廳外親吻，決定要再次見面，接著道別離開。下一幕，你就已經回到家了。不凡愛情，就是如此不凡。

現實情況：你們約在一間人超多或人超少的餐廳（沒有中間值），在吧臺找到兩個空位。你們非常合得來，但你有點醉了，所以不確定這種感覺是不是來自紅酒。你們在餐廳外尷尬地吻別，決定之後要再次見面。

開始正式約會。

對理想戀情的預想：你們在周末共進燭光晚餐、手牽手在公園花很長的時間散步，並互相在對方家裡過夜。

現實情況：你盡可能地從忙碌行程中擠出時間和對方見面，同時也希望自己不顯得太依賴或太黏人。你們在接下來的兩、三周，維持每周見面一至兩次的頻率。

性愛。

對理想戀情的預想：白色棉被上灑滿玫瑰花瓣。背景有一座點燃的爐火。溫度不會太熱，也不會太冷，換句話說，無論你們是穿著衣服還是脫掉衣服，溫度都很完美（這一點很重要）。接著，在棉被裡進行熱烈而緩慢的性愛，或者還沒進臥室就開始的熱烈狂野性愛。無論如何，你們兩人都會在彼此的臂彎中睡著。

現實情況：你們在床上胡亂嘗試。其中一人說：「你想這麼做嗎？」另一個人回答：「對。」接著，你們兩人脫掉衣服，覺得有一點點冷，接著你們做愛。這段性愛要嘛充滿了許多「你喜歡這樣嗎？」和「你喜歡那樣嗎？」，要嘛就是一語不發，你們兩人在性愛上對彼此非常陌生，努力試著釐清哪些事情對於對方來說很奇怪，哪些則是對方熟悉的事情。接著，性愛突然結束了。你們輪流到廁所清理自己和尿尿。

認識朋友。

對理想戀情的預想：你把新伴侶帶到和朋友的聚會上。聚會上不但每個人都相處融洽，而且他們全都很喜歡你的新伴侶。他們把你拉到一旁，告訴你他們有多喜歡這個人，讓你開心到簡直想要一路後空翻回家。

現實情況：你把新伴侶帶到和朋友的聚會上。你的伴侶在這群彼此熟識的人之中有些害羞，一直黏在你身邊。最後終於有幾位比較多話的朋友和你的伴侶搭上話。在聚會結束後，你傳訊息問朋友對這位新伴侶有何想法，他們全都覺得新伴侶很不錯。雖然你鬆了一口氣，但你還是忍不住想著：「他們是真的喜歡你的伴侶，又或者只是口頭上說說而已？」

同居。

對理想戀情的預想：你們搬進一幢坪數很大的美麗房子裡，裡面有許多櫃子，而且浴室裡還有兩個水槽。家裡總是乾淨整潔，而且裝飾風格令人驚豔。你們常約朋友來家裡玩，但通常只有你和伴侶兩個人窩在沙發上，一起看你們最喜歡的電視節目。

現實情況：你們搬進一間窄小的公寓，櫃子很少，浴室裡只有一個水槽。你的伴侶使用浴室的習慣讓你覺得很噁心，也很生氣對方不願意在分享櫃子空間這方面妥協，但到頭來，你們兩人都喜歡一起窩在沙發上看電視，所以這一切都還算不錯。

吃飯。

對理想戀情的預想：你們每天晚上都一起煮飯，每周只有一、兩天會去外面的餐廳吃飯。

現實情況：你們每天晚上花將近三小時討論「晚餐想吃什麼」，直到時間已經晚到沒辦法吃一般的晚餐，於是你們改吃零食或披薩，或者零食加披薩。

訂婚。

對理想戀情的預想：在一個美麗的夏日，海灘上只有你們兩人。沿著沙灘散步時，你們之中的其中一人單膝下跪，向另一人求婚。被求婚的人完全沒有預料到這件事，流下了眼淚。你們的朋友和家人突然從角落冒出來，同時冒出來的還有兩位專業攝影師，一位負責拍照，另一位負責攝影，他們用相機和攝影機把一切都記錄下來了。

現實情況：在一個平凡的日子，你們兩人在海灘散步。你們兩人走到一個距離群眾比較遠的地方。其中一人單膝下跪，向另一人求婚，拿出了兩人在三個月前一起選好的戒指。被求婚的人答應了，你們彼此擁吻。你們身後有一群陌生人突然開始拍手。這時候，你們才意識到旁邊其實還有人。你們開始覺得有點尷尬了。離開海灘後，你們想打電話給親朋好友通知這件事，並不斷爭論著應該先打給誰。

計畫婚禮。

對理想戀情的預想：你沐浴在純粹的喜悅中。這是你這輩子最幸福的時光。你得到了一切想要的事物。無論何時，每個人都為你感到開心。

現實情況：你陷入了純粹的煉獄之中。計畫婚禮變成你們兩人的全職工作，雖然你們倆都已經各自有一份全職工作了。有太多小事需要決定。你們雙方的家庭彼此爭執。一切都貴得要命，再也沒有人想要聽你討論婚禮。你考慮過直接私奔，但你不能這麼做，否則你就拿不到禮物了。我是說真的，你費盡千辛萬苦計畫婚禮，就是為了能拿到一個該死的荷蘭鑄鐵鍋——也為了能邀請你的親朋好友來參加這個開心的聚會——但說真的，這麼做值得嗎？我至今仍無法確定。雖然我在婚禮上拿到的禮物包括了荷蘭鑄鐵鍋，但我至今連動都沒動過那個鍋子，所以我大概要等到真的用過鍋子之後，才能告訴你是否值得。

婚禮。

對理想戀情的預想：婚禮是你這輩子最棒的一天。你打扮成這輩子最漂亮的樣子。你過去從來沒有這麼幸福的感覺。一切都按照計畫進行。每個人都在這場婚禮玩得超級開心。

現實情況：婚禮是你這輩子過得最快的一天。你看起來很美，但並不是這輩子最漂亮的樣子。你的頭髮為什麼會弄成這樣？那些花怎麼會變成那樣？為什麼桌上的號碼標示放錯了？大部分事情都按照計畫進行，但少部分則脫離了計畫。

每個人都在這場婚禮玩得超級開心。

蜜月期。

對理想戀情的預想：更多笑聲。更多愛。更多因為一時衝動而在廚房流理臺上進行的性愛（沒有啦，「更多」是開玩笑的，我們都知道真實生活中不可能出現這種性愛。但如果你在真實生活中體驗過這種性愛，拜託你告訴我祕訣是什麼）。

現實情況：一大堆人跑來問你們「結婚後的生活怎麼樣啊？」但由於生活根本沒有一絲一毫改變，所以你們兩人都無從回答。可以請各位別再對新婚伴侶提出這個問題了嗎？謝了。

買房。

對理想戀情的預想：你們莫名其妙地就湊到了買房的頭期款。但你們買的不是隨便一間房子，而是在很棒的地段買了一間好房子。這樣的房子可能將近一百坪，有一個大到爆的後院，有好幾間房間能給你們未來的小孩住，還有許多空間能給客人使用。你們搬進這間房子。你去陶器倉庫買了許多雅致的居家用品。你裝飾家裡。你的娛樂是具有藝術美感的起司擺盤。你愛極了這樣的生活。

現實情況：現實裡沒有這種事，買房是不可能的事。開玩笑的啦，不是真的不可能。有一些貸款計畫是專為我們這些無法存到荒謬高額頭期款的普通人設計的，我們可以靠這些計畫買到負擔得起的房子，此外也有一些地區的房價不至於高到令人發瘋（我的家鄉是麻州波士頓，我可以告訴你，這裡的房價真的有點瘋狂）。等到你終於買到這間非常平凡的房子後，你已經沒錢能裝飾家裡了。你家並不是陶器倉庫的雅致風格，而是，呃，一點也不雅致的樣子，沒什麼好參觀的。

一起旅行。

對理想戀情的預想：雖然你得付房貸和許許多多其他支出，但你仍有存款能每年到不同國家旅行一至兩次，甚至三次。此外，你也可以為了旅行在工作方面長時間請假，你周遭的每個人都很鼓勵你這麼做。

現實情況：你：「現在有超便宜的航班可以去加勒比海的阿魯巴島耶！這個價格我們負擔得起，而且整套行程也包含飯店！我們已經超久沒有去度假了。一起去嘛，拜託？喔，等等——我工作不能請假耶。算了。」

懷孕。

對理想戀情的預想：你計畫好要在何時生小孩，並且在你計畫好的時間神奇地懷上了第一胎。此外，你也突然有錢可以買下一間更大的房子與小嬰兒需要的各種物品。懷孕既簡單又輕鬆。

現實情況：你不斷延後生小孩這件事，又或者試圖延後生小孩，但你的人生計畫其實是你必須現在就懷孕。又或者你決定現在要生，但你的人生計畫其實是，現在不行，以後再說。也許，你根本無法決定到底要不要生小孩。

其他同樣有伴侶的朋友。

對理想戀情的預想：你們有一大堆同樣有伴侶的朋友，每個人都相處融洽，總是想要一起出去玩。你們一起去吃飯、一起在周末出遊，甚至計畫以後要怎麼住得更近。你知道你們會是一輩子的朋友，而且你們的孩子以後也會變成朋友。

現實情況：你有一些同樣有伴侶的朋友，你們有時會一起出去玩，但多數時候每個人都忙著處理自己的生活與家庭。雖然你可以再認識一些同樣有伴侶的新朋友，但你沒那麼喜歡現在這些朋友的伴侶，所以不想要認識更多有伴侶的朋友了。此外，這些人已經夠忙了。你也一樣超忙的！

晚上的約會。

對理想戀情的預想：只要你和伴侶想要外出，你們的父母就可以幫忙顧小孩。

現實情況：你們發現自己終究不能如同想像一般依賴父母。可能是因為他們不住在附近，也可能是因為他們很忙，又或者是因為他們已經很少出現在你的生活中。你們當然可以請保母，但你們已經為了日間保母花掉一大筆錢了，所以你們如今鮮少在晚上約會。

養小孩。

對理想戀情的預想：你們全家人一起度過上班日的夜晚。每到周末，你們就會全家出遊。你們會一起看足球比賽和舞蹈表演會。你們非常頻繁地參觀動物園。

現實情況：在忙碌又瘋狂的上班日夜晚，你和伴侶必須分別開車載小孩去參加各種活動，所以你們幾乎不會一起做任何事。在忙碌又瘋狂的周末，你們也一樣忙著開車載小孩去參加各種活動。你們努力撐過痛苦的足球比賽和舞蹈表演會。你們仍然非常頻繁地參觀動物園。

家庭假期。

對理想戀情的預想：你們會在七月與八月去夏季海灘度假小屋。你邀請那些有伴侶的朋友和他們的家人。你們會在年中去加勒比群島和歐洲旅行。你們的孩子超有文化素養。與此同時，你們仍能輕鬆支付房貸。

現實情況：你沒有足夠的錢這麼做也永遠都不會有足夠的時間這麼做。你、你的配偶和你的孩子都各自擁有截然不同的日程表，更不用說你們還需要工作，而且你們還要付房貸。最後你們冒著失業的風險，全家一起在暑假花一至兩周去旅行，但老實說，這整趟旅行中你的壓力都大得要命。你會趁機躲起來喝點紅酒。

二十五周年。

對理想戀情的預想：你們的孩子為了慶祝這個里程碑，為你們舉辦了奢華的慶祝會。所有親朋好友都到場參加，就像你們的婚禮一樣，不過比婚禮更棒。

現實情況：如果你真的撐到第二十五年——讓我們面對現實吧，許多伴侶是撐不到二十五年的——那麼你的孩子在為你們辦派對時，有很大機率會找你拿錢，而不是用他們自己的錢。到了這個時候，你的朋友少之又少，這是因為他們全都墜入了家庭的黑洞之中，你也一樣。最後，你們大概會在一間連鎖餐廳慶祝二十五周年。

退休。

對理想戀情的預想：你們再也不需要工作了，而且你還有很多錢可以揮霍。退休簡直棒呆了！你們終於可以一起變老，一起到世界各地旅遊，做些瘋狂的怪事了。

現實情況：抱歉，你這輩子是不可能退休的。你的401k退休計畫只能讓你在星巴克買一年的咖啡。這樣大概也不錯，反正你的背現在也痛到沒辦法去旅行了。這也是沒辦法的事。

如果不夠特別，還能算是愛情嗎？

我一直以為，愛情是一種瘋狂的感情。我以為每個人一旦找到愛情、看見愛情，馬上就會知道，而且愛情會控制你我的身體、使我們開始唱歌跳舞、對自己討厭的人特別和善等等。

我為什麼會這麼想呢？因為我從小到大都在接收這種故事。

在多數的電影和電視影集，墜入愛河的人總是很幸福。他們會吹口哨，有時他們甚至會突然唱起歌。就算他們是憤世嫉俗的普通人，也一樣會在找到愛情的瞬間改頭換面。雖然我希望我在找到愛情時，不會變成那種在公眾場合亂吹口哨的人，但我確實以為我在找到愛情之後，會在下半輩子都過得開開心心。

在《對面惡女看過來》（*10 Things I Hate About You*）這部電影中，有個人用麥克風對著全校唱歌，只為了證明他對追求對象的「愛」有多特別（就算是其他人付錢要他這麼做的又如何？他認為公開為追求對象唱歌就等於愛情，因此，我也這麼認為）。

在一九九五年由歐森姊妹（Olsen twins）與克絲汀・艾莉（Kirstie Alley）主演的經典電影《天生一對》（*It Takes Two*）中，我們有幸聽見了這句對白：「那是會讓人吃不下、睡不著、想摘星星、能夠打出全壘打、屬於世界大賽等級的愛情。」這些作品讓我了解到，若我遇到的愛情沒有那麼特別的話，我就不該屈就。

此外，想當然耳，幾乎每部迪士尼作品的最後結局都是「從此過上幸福快樂的生活」。因此，我認為一旦我找到了「世界大賽等級的愛情」，一切都會變得像蛋糕一樣美好（或者像披薩一樣美好，我個人是比較喜歡披薩啦）。

等到我找到了愛情之後，才發現愛情和我想像的不太一樣。愛情並不總是完美的。雖然我不需要努力克制自己變成在公眾場合吹口哨的人，但我對此並沒有感到高興。在我的伴侶為我做的所有事情中，最接近站在屋頂上大喊他愛我的，是在社群媒體上宣稱他真的很愛我。我不覺得這是世界大賽等級的愛情。我可以正常吃飯和正常睡覺，而且我通常都會因為太過懶惰而不想去摘星星或打出全壘打。喔，對了，而且我們的「從此過上幸福快樂的生活」並不總是幸福快樂。

我們會吵架。很常吵架。我們吵架的主題包括約會次數不夠多、放假時間不夠多、公寓太髒亂、我的花錢習慣太糟、他吃掉我特別留下來的高蛋白穀物棒。認真算起來，我們每一個禮拜都會至少互相怒吼和大叫，有時甚至會因此哭泣。哭泣的原因通常都是因為我發現他把我的高蛋白穀物棒給吃掉了。

但是，儘管我們之間有很大的差異，我們仍深愛彼此。我們因為對方而感到快樂，我們能使彼此開懷大笑。

我們無話不談，一起做各種有趣的事。我們每時每刻都想要在一起，當然啦，唯有我因為腸胃炎而二十四小時連續釋放可怕有毒氣體，以及他在剪腳指甲的時候除外。

我心中一直有個角落在思考著，我們之間的愛情並非「特別的愛情」這件事，是否代表了我們之間的感情不是超棒的愛情。我當然會在某些時候覺得這份愛情超棒的，但有時候我會覺得，我們的愛情很普通、很平凡、很平淡。

為什麼在和其他情侶相比的時候，我們的愛情無法顯得超凡絕倫呢？為什麼我們沒辦法每時每刻都覺得一切超讚的呢？我們之間時常發生的爭吵代表了什麼呢？我覺得我們已經足夠好了，已經找到了完美的快樂中庸戀愛關係。但在論及戀愛的時候，「足夠好」真的足夠嗎？是不是只有特別的愛情，才算得上是真正的愛情？

小理的故事

在我二十六歲生日的前一周，我和幾個朋友一起出去玩。我在走出廁所的時候看到一位外表出眾的男人往我的方向走來，我立刻睜大雙眼。他很高，頭髮是深色的，體格看起來像是前高中運動員。他看起來有可能會是我的理想對象（接下來我們就把他簡稱做「小理」吧）。

我很快就為了避免眼神接觸而別過頭，繼續往朋友的方向走去。我回到我們這一桌時，看到一群男人在桌子旁邊和我的朋友們聊天。我低頭看了看手機，注意到已經超過十二點了。時間已經很晚了，我不是很想加入他們的閒聊，所以我開始考慮要不要回家。畢竟我的對象還在家裡等我，而我又對眼前的這幾個男人沒興趣。

就在我叫出手機裡的Uber應用程式時，我看到小理往我們這桌走來。我立刻僵住了。他走到和我朋友說話的那群男人身邊，停下腳步。那群人其實是他朋友。

他沒有加入他們的對話，因此注意到站在比較外側的我，他笑著走過來。

「嘿。」他說。

「嗨。」我回以微笑。

於是，在我們的朋友繼續他們的對話時，我們聊了起來。我們一對一聊天直到店要關門了，服務生把燈打開來。就在人們紛紛穿上外套的時候，我感覺到有人把手放在我的背上。是小理。「可以給我你的電話號碼嗎？」他說完後才把手從我背上移開。

我看著他，再次僵住了。為什麼我會在他把手放在我背上的時候有感覺？我不應該在和其他人互動的時候有「任何感覺」，畢竟我已經和另一個人在戀愛了。

一位朋友聽到我們的對話，她拍拍我的肩膀，「你確定嗎？」她耳語道。

我轉過身回答她，「我跟他只是普通朋友。沒事啦。」

等到我再回過頭面對小理時，他已經有點起疑了，「怎麼了嗎？」

「抱歉。」我緊張地笑著說，接著我接過他的電話，輸入我的電話號碼。我們彼此道別，看著那群男人走出酒吧，我和朋友則叫了Uber。

「你真的把電話號碼給他了嗎？」朋友問。

「我沒給。」我神態自若地騙了她們，只為了避免這些朋友認為我是個爛人。

我們一起哈哈大笑。我覺得有些反胃。雖然他們不知道真相，但這並不代表我不是個爛人。

我坐進開往我家的 Uber——回到了我和丹同居的公寓。

在我走進公寓時，家裡全部的燈都是暗的，但電視還開著。我走到客廳，發現丹在沙發上睡得很沉。我搖了搖頭。每次遇到這種事情都會讓我不禁疑惑，我們當初怎麼會在一起。我和朋友出去喝酒，他則在家裡看歷史頻道（History Channel）的紀錄片看到睡著。我們是怎麼維持這段關係的？他為什麼會喜歡我？更不用說我們兩人的個性相差這麼多——我是個糟糕的人。我男友在家裡等我等到在沙發上睡著了，我則把自己的電話號碼給了一名陌生男子，只因為我對他的外表感到微妙的心動。

我把電視關掉，拿出毯子蓋在丹身上。我不想叫醒他。接著，我回到臥室睡覺。那天晚上，我幾乎沒怎麼睡著，一直在想我做了什麼事——以及我為什麼要這麼做。

我甚至連小理的名字都不知道。我在心中想著，說不定他會打來，說不定他會傳簡訊給我，說不定他會在今天晚上或明天聯絡我，這樣我就能釐清我們是真的對彼此有感覺，或者那只是紅酒作祟。不過，等一下——要是他真的聯絡我，我該怎麼辦？我要回覆他嗎？如果丹看到了怎麼辦？我要怎麼解釋這件事？我到底在想什麼？

我在混亂的思緒中不知不覺地睡著了。隔天早上起來時，我的頭感到一陣陣疼痛，只要我移動的方式不對，就會感覺到整個房間都在旋轉。

我從床邊桌上抓起電話。沒有電話，沒有簡訊。我心中有一部分鬆了一口氣。我一開始就不該把電話號碼給任何人。我愛丹，但我心中卻有另一個部分希望小理能傳簡訊來。為什麼？我不知道，或許是想證明什麼吧。或許是想增強我的自信心，想知道除了丹之外還有人渴望我。又或許，只是或許，是因為我覺得這代表了這份足夠好的愛情其實不夠好——還有更棒、更特別的愛情在等著我。或許，只是或許，我覺得能帶來那份愛情的人就是小理。

關於丹

丹和我用非常普通的日常安排度過了這個禮拜天。買食品雜貨、健身、煮晚餐、看電視。和丹度過的每一天都很開心，但這一天格外平淡。我不禁想著，若我和小理一起度過禮拜天的話，也會和這天一樣嗎？也會這麼普通嗎？這麼單調嗎？

那晚上床睡覺時，我躺在丹的臂彎中，一直忍不住想到小理的事情。他為什麼不傳簡訊？他為什麼不打電話？他是不是覺得隔天就聯絡太快了？他是不是其實不想和我扯上任何關係？他是不是有女朋友？他是不是發現我有男朋友了？畢竟，我確實有男朋友。而且我很愛我的男友。我把丹的手臂緊抱在胸前，閉上雙眼，努力不去思考這些事情。

接下來這一周，我都在努力抵抗這些想法，就像超級忍者一樣。

在一九九〇年代看浪漫喜劇時，年輕的我常夢想一名完美的男人當做對象，他長相俊俏，不只是有點聰明又有點健壯而已，他聰明到能上長春藤名校，健壯到能進入大學美式足球的最高級別打比賽並拿到體育獎學金。他身高超過一八〇公分，古銅色的肌膚顯得非常自然，有一頭棕色的頭髮和一雙棕色的眼睛。他家庭成員很多，彼此關係很好；他有一大堆非常親近的朋友；他銀行裡有儲蓄；他野心勃勃，希望能每年把銀行裡的儲蓄翻四倍，直到退休為止。他最喜歡的樂團、藝術家、電視節目和電影都和我一模一樣，而且他也同樣喜歡海灘、溫暖的天氣和星巴克咖啡。他喜歡人群，人們也都喜歡他。他是每個人最愛的那個朋友。他是完美的。

至於丹呢，他在我眼中很帥，他在高中班上的聰明程度能排進前十（老實說，這沒什麼大不了的，但他很開心我特別提到這點），雖然他在運動方面的表現沒有好到能加入任何團體運動，但他平常可以在慢跑時一次跑超過十六公里。他的身高大約一百八十公分，膚色白皙到我們去海邊時，他必須坐在帳棚中避免曬傷。他有一頭棕髮，但隨著年齡增長，他逐漸朝著頂上無毛前進，他臉上的鬍子彌補了逐漸光禿的頭頂，此外，他擁有一雙世上最美的淡褐色雙眼。他是家裡的獨子，有一小群關係緊密的朋友。他有一份不錯的工作，銀行裡的儲蓄比我還多。我們喜歡一樣的電視影集，如今這方面的相同興趣已經是戀愛關係中的必要條件了，畢竟在正常交流的人類關係中，狂看影集已經變成必不可缺的一部分。他不算喜歡海灘，原因就是剛剛提到的避免曬傷那檔事，而且比起夏天，他比較喜歡冬天。此外，他是個內向者，個性十分害羞。他並不是我在多年前定義的完美情人，但我們非常適合彼此。

可是，如果特別的愛情真的存在的話，如果我沒有找到特別的愛情，是因為我沒有依照年輕時的理想條件繼續尋找的話，我該怎麼辦？

丹和我簡直就是最典型的「異性相吸」伴侶。我是社交花蝴蝶，喜歡和一大群人來往，而且也喜歡把錢花到精光。他則是安靜的書蟲，比較喜歡和親近的少數朋友相聚，總是在存錢。我們兩人都不是對方的夢中情人，但不知道為什麼，我們的愛情就是順利存活下來了。

但是，如果這世界上的別的角落還有更適合我們的人，該怎麼辦？畢竟，我和丹不一樣，我沒有那麼熱愛歷史，也沒他那麼著迷於每晚七點準時觀看益智節目《危險邊緣》（*Jeopardy*）。而對我來說，理想的周六放鬆行程則是一邊打掃一邊用超大的音量播放 Spotify 歌單，接著去百貨公司隨便亂逛，而他的理想周六行程則是在家中安靜讀書。此外，他比較喜歡去緬因州度假，我則比較喜歡去科德角灣。還有，我比較喜歡喝星巴克的咖啡，他則比較喜歡喝唐先生（Dunkin）的咖啡。另外，他比較喜歡價格划算的飯店和餐廳，我則喜歡漂亮時髦的飯店和餐廳但是（唉，我往往負擔不起這種消費）。

雖然我們兩人的個性南轅北轍，愛情也順利存活下來，但如果我們和其他人談戀愛，是否更順利呢？

結婚前的抗戰

當時，丹和我正在討論我們是不是該訂婚了。我們已經交往六年、同居三年了，兩人都準備好要進入下一個階段。

在我們的戀情中，一切都很棒、很完美，每件事都已經是「理應如此」的狀態。但是，這段戀情不會使我們「想摘星星」和「能夠打出全壘打」。浪漫喜劇不會以我們的戀情為藍本。丹也不會在我們為了愚蠢的鳥事大吵一架後，跑到公眾場合去唱歌贏回我的愛。

我們的戀情很棒，但這段戀情沒有那麼不同凡響。我很害怕這段足夠好的戀情沒辦法永遠都維持足夠好的狀態。我很擔心這個世界上的某個角落還有更不同凡響的戀情等著我們。

在我思考這些事情一周後，我告訴丹我想談談。我說，我們應該暫停一下。

「我不知道我們該不該繼續下去。無論是對我或對你來說都是如此。」我告訴他。

「你到底在說什麼啊？」他對我翻了個白眼。他以前就聽過我這麼說了，通常都是在吵架過後，我才會說出這種話，但我從來沒有實際採取行動。

「我這次是認真的。我們太常吵架了。我覺得我們應該花點時間弄清楚，繼續在一起是不是對的選擇。」

「當然是對的選擇啊。我愛你，你也愛我。」

「但是，如果只有愛是不夠的呢？如果你能找到一個不會那麼常和你吵架、能讓你過得更幸福的人呢？我只是覺得，我們應該要暫時分開，好好想清楚。」

「你怎麼會突然有這種想法，我不懂。你喜歡上別人了嗎？」

「當然不可能。」我半真半假地回答。我並沒有喜歡上任何人。我只是開始思考，或許小理的個性會和我多年前夢想過的完美情人一模一樣——或許他會聯絡我。就算他沒有聯絡我，或許我們會再次相遇，屆時我就能找出答案。

「我愛你，我希望你能知道這一點。雖然我們的戀情不完美，但我愛你。」

「我也愛你。」我告訴他，同時努力忍住我的眼淚。我到底為什麼要這麼做？

我看著他拿起行李袋，走進臥室開始打包，我心裡一沉。我想要追過去、向他道歉並要他忘記我剛剛說的每個字。我想要告訴他這是個錯誤的決定。我想告訴他我不是真心想這麼做的。我想告訴他，我只是不知道愛情到底應該是什麼樣子。但我忍住了。

他從臥室走出來時，肩上背著背包，手上拿著行李袋。他別過視線。在他打開門要離開時，我哭了出來。他停頓片刻後，轉身向我走來，放任門在他身後關上。我們彼此擁抱，兩人都哭了。

「我能理解為什麼我們需要這麼做。我只是不想承認而已。」他緊抱著我說。

「我知道。」我努力試著停下眼淚，「說不定這麼做是錯的。你不需要走。」

「我必須走。你說的對，分開只會使我們更堅強。」

我點點頭。他親了一下我的額頭，和我道別，接著便離開了。在他關上門後，我放聲大哭。我為什麼要這麼做？

我沒有告訴朋友我和丹之間發生什麼事，所以當我告訴他們丹和我暫時分開時，他們全都有點震驚。他們震驚的原因不是我們這兩個截然不同的人決定要分開一陣子，而是因為我們兩人之間竟然會出問題。我沒有告訴他們細節，也沒有提起小理，畢竟和朋友談論長期戀愛關係中的不安全感與騎驢找馬心態有點算是禁忌，就算這段戀情已經結束了也一樣。你希望朋友支持你對伴侶的選擇，而不是支持你再也不要和你愛的人說話。

因此，我不但失去了丹，也沒辦法和朋友討論這件事，這讓我更加孤單。我在頭幾天不斷傳訊息和打電話給他，但我們在那周的最後幾天共同決定，若我們繼續聯絡的話，暫時分開就會失去應有的功用。

嘗試其他對象

不能和丹說話是個艱困的挑戰，我覺得這種體驗有點像是《我要活下去》（*Survivor*）和《驚險大挑戰》（*The Amazing Race*）這一類瘋狂生存競賽中的參賽者經歷的挑戰。我每天早上起床時丹都不在身邊、每天工作時都不能傳訊息給他，而且每晚回家時都見不到他的笑臉，每次想到這些事，我的眼淚就會湧出來。我不知道他現在過得怎麼樣，都快要因此發瘋了，更讓我崩潰的是我沒辦法見他。

在這之前，我腦海中揮之不卻的似乎一直都是小理，但現在揮之不去的變成了丹。我甚至開始思考小理是不是個真人。他符合理想的種種條件會不會只是假象？我根本不了解他，只知道他的工作是什麼、是哪一間大學畢業的，以及依照他畢業的年分大約推測出來的年齡。我變得執著，我想知道我想像出來的小理帶給我的愛，是不是真的比我和丹的愛更好，但是，我和丹的愛有什麼不對嗎？十二歲的我躺在臥室地板上聽著超級男孩[1]（Nsync）的〈這是我對你的承諾〉（*This I Promise You*）時，曾想像過未來要找一個完美的男人談戀愛，雖然丹不符合我當時的想像，但這件事有那麼糟嗎？

到了第二周，我和朋友一起出去玩。喝了兩杯紅酒後，他們開始告訴我，他們不懂我為什麼會因為沒辦法見到丹而感到這麼沮喪。

「這件事是你提出來的。」其中一位朋友說。

「丹是你唯一認真談過感情的對象，現在你可以試試看其他對象了。天涯何處無芳屌。」最具有冒險精神的朋友說。我很喜歡透過她的描述體驗她的生活，但四處獵豔的生活應該不太適合我。她補充說：「而且，我前幾天在交友軟體 Tinder 上看到他。」

丹在用 Tinder？我大驚失色。我以為只有我對於其他選擇感到好奇。

「反正你能找到比他更好的。」另一個朋友說。

我之所以沒有鉅細靡遺地把所有事都告訴朋友，就是想避免這種評論。這種話到底是什麼意思？我知道他們覺得「比他更好」這種話是一種鼓勵，但這根本無法鼓勵到我。第一，這種話是一種貶損。簡單來說，這句話代表他們在我談感情的這段期間，一直覺得我還可以做得更好，覺得我做出了不怎麼樣的選擇。第二，他們怎麼會知道我能找到更好的對象？我當然可以找到外表更好的人，也可以找到賺更多錢的人、找到朋友們更喜歡的人。但是能找到一個更愛我、我也更

---

1 編按：超級男孩是一個已解散的美國流行男子演唱團體，來自佛羅里達州。

愛對方的人嗎?他們怎麼確定我能找到這樣的對象?他們怎麼能確定我一開始找到的不是一個最愛我、我也最愛的人?

愛情的重點不在於表面上看起來怎麼樣,重點在於內心的感受。

那天晚上稍晚,又有其他朋友來和我們碰頭,他們還帶了其他朋友。在那之後沒多久,我獨自一人坐在吧臺前的椅子上,盯著我和丹的訊息紀錄,努力抵抗聯絡他的欲望,這時我朋友帶了另一個朋友走過來。

「嘿。」他說。

「嗨。」我回答時,注意到那名充滿冒險精神的朋友正從遠處看著我。她一邊微笑,一邊做出性暗示的手勢。身為大人,我們的成熟程度低到令人感到荒謬。

最後,我把那天晚上的絕大部分時間都用來和他聊天,部分原因是寂寞,部分原因是我不想因為離開吧臺前的椅子而失去座位。過了一陣子後,他問我要不要去別的地方,我不知道該如何回答。對,我當然想要離開酒吧回家。我先前特別買了冷凍披薩放在冰箱裡,就是為了應付這種狀況:由於和朋友外出吃飯並

「平分開胃菜」，導致我根本沒有吃到真正的晚餐，而且我又喝了酒，使得我比平常更餓。或許找個人陪我一起吃披薩也不錯，畢竟那塊披薩的分量多到不適合一個人吃完。或許這麼做能幫助我暫時忘掉丹。或許我朋友說得沒錯，我應該試著和其他對象來往，我應該抓住這次機會。

「好啊。」我回答他，接著我跳下吧臺椅。

我們兩人一起離開，搭Uber回到我的公寓。

進了公寓後，我們一邊加熱冷凍披薩一邊聊天，為了毫無意義的對話哈哈大笑，並因為緊張而提早兩分鐘把披薩從烤箱裡拿出來，就這樣把還沒加熱完全的披薩吃掉。我們把剩下的披薩帶到客廳，坐在沙發上打開電視。然後，我們兩人在尷尬的沉默中一起看電視。

接下來的三十分鐘，我不論想到任何事物都恐慌得要命。為什麼這傢伙會在這裡？我為什麼要邀請他來我家？要是丹知道了這件事會怎麼反應？為什麼和我在一起的不是丹？和丹一起窩在沙發裡看電視是我最喜歡做的事情之一，但和這傢伙窩在沙發看電視則不是。這麼做很怪，也很尷尬，我的靈魂瀕臨崩潰。我想叫他離開，但朋友的聲音在我的腦海中響起。嘗試丹之外的對象才是真正的考驗。我必須知道答案。

他把一隻手臂環在我的背後，擺出一個令我不太舒服的擁抱姿勢。這種擁抱姿勢會使背部因為抵住手臂而感到疼痛，而我已經提起這件事三次了，他也徒勞無功地調整手臂姿勢三次，所以我選擇不再提起，坐在位置上努力適應背痛。我多次考慮過要打破沉默，但或許這部電影讓他很沉迷，我們可以在電影結束後再聊。但時間很晚了。我想上床睡覺了。

我決定再也不忍了，我突然站起身，從他的懷抱中拯救了我的背。

「我要去睡覺了。」我說。

「好。」他看著我。

「你背後有毯子。」我指了指放在沙發上的那條毯子，然後轉過身往臥室走去。數秒鐘過後，他站起身，走到我身後，把手放在我的背上。我有點意外地轉身，這時他吻了我。

我已經有好幾年沒有吻過丹之外的男人了。這種感覺很奇怪，但人類的觸碰令我著迷，所以我也回應了他。畢竟從科學上來說，我們也只是動物。這很合理。

我們很快就全身脫光地躺到了床上。他問我要不要「做」，我回答好，於是我們就做了。

就這樣？做完之後我在心中暗忖著。他翻身躺到床的另一側。我心中想的「就這樣？」並非來自性行為的時間長短——而是來自「試試看其他對象」所帶來的感受。這件事從頭到尾的感覺都非常怪異，非常尷尬。這個人確實比丹還要更接近我過去幻想出來的夢中情人，我也確實曾覺得或許我和他之間會產生某種曖昧的化學反應。但如果我和他之間真的有這種化學反應的話，我應該要覺得和他相處起來很舒服。我應該要覺得他是對的人。此外，就算我真的覺得他是對的人，我又憑什麼斷定他也覺得我是對的人呢？

隔天早上，我們在起床後尷尬地笑著談起前一晚，都假裝自己醉到不記得發生什麼事，畢竟在這種狀況下，我們還能怎麼反應呢？他離開的時候並沒有和我吻別。沒有吻我的嘴巴，也沒有吻我的臉頰。我們也沒有擁抱。我覺得他大概已經得到他想要的東西了。好消息是，我也一樣得到我想要的東西了。壞消息是，我必須繞這麼大一圈，才能得到這個結果。

不需特別但足夠好的愛情

隔天，我找了朋友陪我去藥局買事後避孕藥。雖然我們用了保險套，而且我也有在吃避孕藥，但出於不知名的原因，吃事後避孕藥能讓我對這整件事的感覺沒那麼糟。我覺得吃下事後避孕藥，好像就能消除這件事發生過的痕跡，但是事後避孕藥沒有這種功能。我只是想藉此讓自己感覺沒那麼糟，但我仍舊感覺很糟。

那天下午，我到3B家居（Bed Bath & Beyond）買了新床罩。我買了羽絨被、床單、枕頭套、枕巾等一整套的寢具。我再也沒辦法睡在舊床單上了。舊床單已經沾染了罪孽。我必須把床換新，反正丹和我早就討論過要買紗織數更高的床單。我真希望能找他來和我一起挑選這些新寢具。

那天晚上，我獨自坐在新買的羽絨被套上，滑著丹大概每年只會更新兩次的社群媒體檔案，試圖從中找出一些線索，弄清楚他現在在幹嘛。他是不是在

Tinder上和其他人聊天？他是不是在和其他人睡？他現在快樂嗎？

接著，我哭了。我哭是因為想念丹。我哭是因為他不在我身邊，是因為嚴格來說我不能和他說話。我哭是因為這整件事的源頭，是我覺得丹不符合我在十二歲時創造出來的完美夢中情人。我哭是因為另一個符合完美夢中情人的男人給我的感覺不對。我哭是因為我沒有任何對象能在聽我描述這些細節之後，不批判我或者不告訴我「你可以找到更好的對象」。我哭是因為我想念丹，我希望他能回來。

我撥了電話給他。

「哈囉。」他接起電話。

「對不起。」我在電話裡哭著說，「我愛你。你可以回家嗎？」

丹隔天就回來了。在他踏進了我們的公寓後，我們立刻抱在一起，擁抱了大約四十六分鐘的時間。

我從小到大看的所有電影和電視影集中，有許多作品都把愛情描繪成不可觸及的工藝品，這些作品全都在騙人。正如社群媒體只會讓我們看見普通人的生活中最完美的那部分，這些電影和電視影集也只會讓我們看到虛幻生活中最完美的那部分，因此我才會在現實無法吻合時，覺得自己被騙了。

愛情不需要那麼特別，也可以是足夠好的愛情。愛情不需要比其他愛情更出眾。不需要每時每刻都完美。不需要使你想要爬到屋頂上放聲大喊，也不需要使你想要在擁擠的街道上邊走邊吹口哨。愛情不需要使你覺得自己正在談一段世界大賽等級的戀愛，也不代表你必須每時每刻都覺得幸福。從實際層面來說，每時每刻都感到幸福是不可能的事，除非你是個沒有感情也沒有賀爾蒙的機器人才有可能做到。

這個世界上沒有完美愛情，也沒有平庸愛情。這個世界上沒有所謂正確的戀愛時機——愛情出現的時候，它就是出現了。畢竟愛情不是一種物品，愛情是兩人之間的一種感覺。科學告訴我們，你沒辦法控制這種感覺。科學真的是這麼告訴我們的。我們不是毫無由來的把愛情稱作化學反應。

丹或許不是我的夢中情人，我或許也不是丹的，但我們兩人的戀情遠比我們能夢想到的任何事物都還要美好。我們愛著對方，我們對彼此有感覺。

我很希望能早知道我的夢想不是找到完美的人，而是找到完美的感覺。找到能讓我有家的感覺的人，找到能讓我開懷大笑的人，找到能讓我覺得他的不完美也很值得的人。因為說到底，沒有哪個人是完美的。每個人都有瑕疵，你只需要找到一個能讓你覺得他的不完美也很完美的人。

在論及愛情時，比起特殊的愛情，我想要的反而是普通的愛情。我希望能擁有快樂又平凡的感情高點與低點，而不是一直處在高點。愛情的低點能讓我理解高點有多棒，能讓我覺得感情的中庸狀態就已經足夠好了。這些高點很棒，但說實話，高點會使數字出現偏差。這就是為什麼我這麼享受我們的平凡愛情，這就是為什麼我從此之後再也沒有質疑過我們的愛情。

為什麼完美伴侶並不存在？

很多事情不能只看表面。

我覺得我好像一天到晚都在對自己和其他人講這件事。身為人類，我們總是會不斷拿自己和其他人做比較。問題在於：我們拿來和自己比較的，只有我們看得到的部分，畢竟我們永遠都不可能真正知道其他人眼中的世界是什麼樣子。

當我們拿自己的工作狀況和其他人做比較時，我們會以其他人的工作頭銜當做比較基礎，但卻不知道他們工作上要負的實際責任、他們的薪水或他們在工作過程中能獲得何種滿足感。

當我們拿自己的經濟狀況和其他人做比較時，我們會以其他人的衣服、假期去的地點與居住區域當做比較基礎，但卻不知道他們的錢是哪裡來的，也不知道他們的信用卡帳單金額。

當我們拿自己的友誼和其他人做比較時，會以其他人上傳到網路上的照片當做比較基礎，但卻不知道他們多久見一次面，也不知道他們是不是真的處得來。

當我們把自己的愛情和其他人做比較時，會以其他伴侶在公眾場合的行為與他們上傳到網路上的照片當做比較基礎，但卻不知道他們在關上門後是如何相處的。

我們依照這些有瑕疵的假設創造出我們對平凡的定義，認定那些看起來比我們過得更好的人就是高於平凡，並因此認為自己不夠特別。但是，我們必須停止這種想法。在論及愛情關係時，更是如此。

若你覺得這個世界上有這麼多完美情侶的話，你的愛情生活絕對會被毀掉。如果你正在和其他人交往，這種想法會使你開始懷疑這段戀情。你們約會的次數夠多嗎？你們性愛的次數夠多嗎？你們的平均幸福程度夠高嗎？如果你沒有在和其他人交往的話，這種想法會使你開始懷疑所有可能和你交往的對象。這個人長相夠好看嗎？這個人夠令人驚艷嗎？這個人賺的錢夠多嗎？

你在回答這些問題時，應該依據的是你自己的想法、感受與信念，但感知方面的問題會促使你懷疑自己的判斷。接著你會陷入負面漩渦中，而且會愈陷愈深。

那麼，接下來就讓我們假裝一下陷入社群媒體的感知負面漩渦吧。

假裝你正在滑社群媒體，你看到了一連串的完美照片，其中包括但不限於：

1. 一對美麗的情侶在義大利搭觀光遊船的照片。

他們兩人穿的衣服看起來就像他們在拍攝《鑽石求千金》一樣，更不用說他們兩人的臉和身體也好看到足以上《鑽石求千金》了。為什麼這些外表完美的人，總是能擁有良好的經濟狀況可以去義大利旅遊呢？到底要怎麼做才能擁有那麼完美的外表啊？

2. 又跑完一場馬拉松的情侶一起拍的照片。

一起跑馬拉松之後還能繼續交往？但為什麼要這麼做？還有，他們是怎麼做到的？完美的馬拉松跑者是如何找到愛情的？

3. 慶祝小嬰兒滿三個月的照片。

她被裹在襁褓中，躺在白色的假皮毯上，周遭放了一些蔥綠色的極簡主義裝飾品。寶寶的驕傲父母還特別寫了一篇充滿愛的貼文，描述這個寶寶喜歡什麼與不喜歡什麼，但老實說，你根本不可能知道這種事，不過隨便啦。這些新晉家長到底是如何在剛當上家長時就如此完美的？

4. 一張漂亮新家的照片，房子位於一個學校系統超讚的小鎮上，買下這間新屋的伴侶在貼文中寫道：「等不及要開始下一次新冒險了。」

他們兩人一起站在新家前面。比起他們的新家，他們兩個人看起來就像兩個小黑點。這幢房子為什麼這麼大？他們怎麼買得起？他們怎麼賺到這麼多錢的？他們兩人是不是做什麼都這麼完美？

5. 同事和老婆與兩個孩子一起拍的全家福。

他們全都有金色頭髮和藍色眼睛，全都穿著相同的白色衣服，他們站在光線充足的林木中。你覺得這些相片簡直就像是圖庫相片一樣，你想知道他們怎麼會看起來這麼完美。

6. 以前的熟人訂婚的照片。

他們在海灘上，女方看起來好像真的很訝異。他們兩人看起來都很幸福。而且他們兩人都擁有古銅色的肌膚。喔，他們兩人正在度假。戒指的尺寸和我的手掌一樣大。這個熟人以前明明很不起眼，但現在看起來卻像個貴族，你都快認不得對方了。

7. 你認識的一家人，在巴哈馬和其他家庭一起度假的照片。

他們全都把彼此當好朋友，家長、小孩與祖父母都是。或者，至少他們表現得像是朋友一樣。他們全都穿著好看的衣服，一起享受調酒，一起跳舞。他們的旅行看起來完美極了。要命，他們的整個人生看起來都完美極了。這些完美的人是如何找到同樣完美的朋友，並一起計畫出這趟完美旅行的？

你在短時間內看完許多人上傳的浪漫照片，你不知道為什麼網路上明明有這麼多人能談一段完美的戀愛關係，但你的戀愛卻只能如此……平凡。

你們很少和其他情侶一起去度假，就算真的去了，你也只覺得對方還不錯。但是，當其他人全都顯得如此完美時，「不錯」對你來說就變得不夠好了。你想要更常和你的伴侶外出旅遊，但你沒有那麼多錢（又或者你沒有伴侶）。

你們遠沒有足夠的錢能在好地段買下好房子，你甚至不確定自己能不能在這輩子存到那麼多錢。你們大概能在近幾年內找一個足夠好的小鎮，買一間足夠好的房子，但相較於你最近在網路上看到其他情侶買下的房子，「足夠好」幾乎等同於失敗。

你們兩人的體態都不算非常健美，但也算不上太糟糕。你們就只是兩個普通人過著普通生活。就算你們兩人都喜愛對方的外表，只要你一想到其他情侶站在一起時的樣子，你不禁會覺得自己糟透了。

還有家庭。喔，家庭。完美的小孩。完美的經濟狀況。完美的家族朋友。完美的假期。完美的衣著。

與此同時，你卻窩在沙發裡滑手機，不斷把你自己的愛情生活拿去和社群媒體上那些漂亮照片做比較。

你必須停止這種行為。

就算你看到一對情侶上傳他們達成偉大人生里程碑的照片、寫下他們對彼此的真情告白並在網路上對全世界展現他們似乎完美無瑕的日常生活，也不代表他們真的是完美的。畢竟，你要如何定義完美？完美真的存在嗎？完美會不會只是一場騙局？

我們的確可以說完美是一場騙局。在你描述其他人在網路上展現出來的人生或類似狀況時，尤其可以這麼說。

接著，讓我們以截然不同的眼光檢視剛剛看到的那些社群媒體貼文吧。這一次，我們要聚焦在這些照片裡的所有小線索上，想辦法揪出不完美的部分：

1. 一對美麗的情侶在義大利搭觀光遊船的照片。

他們真的有錢去義大利旅遊嗎？還是他們是把信用卡刷爆之後才去成的？如果他們真的有這筆錢的話，那這筆錢真的是他們自己賺的嗎？還有衣服又怎麼說？他們怎麼會有錢買這些衣服又有錢去度假——而且還有錢雇用私人健身教練？這些人顯然超級用心在保養自己的古銅色肌膚和肌肉，但是他們哪來那麼多時間？他們的人生是不是只有工作和健身啊？他們真的有時間和對方見面嗎？好吧，至少他們有時間和對方一起到義大利旅行。但是，他們在這趟旅程中，真的如照片上看起來那麼開心嗎？又或者他們會因為吃晚餐時該走路去還是搭計程車去這種無聊鳥事而大吵一架？如果他們沒有在旅遊的時候吵架，那麼這兩人毫無疑問一定是機器人。

2. 又跑完一場馬拉松的情侶一起拍的照片。

我才不想蹚這趟渾水。拜託找個人來告訴這些跑馬拉松的人，就算沒那麼傑出也沒關係，好嗎？

3. 慶祝小嬰兒滿三個月的照片。

這個小嬰兒一直都這麼可愛又安靜嗎？小嬰兒的雙親不在照片裡，是因為不想被其他人看見眼袋嗎？他們是不是因為不斷哭叫的小嬰兒而遭受嚴重的睡眠不足所苦？

他們是不是停止性行為了？他們是不是偶爾會因為壓力過大而哭？感謝上帝他們還能用這些綠色的裝飾品掩飾一切，對吧？

4. 一張漂亮新家的照片，房子位於一個學校系統超讚的小鎮上，買下這間新屋的伴侶在貼文中寫道：「等不及要開始下一次新冒險了。」

首先，去你的新冒險，我才不買單呢。這兩人到底為什麼買得起這幢房子？信託基金？賣毒品？拜託告訴我答案。如果他們真的是靠著工作賺進這麼多錢的，那這兩人多久才能見彼此一次啊？他們有時間做愛嗎？他們有時間同時出現在那幢房子裡嗎？他們真的覺得幸福嗎？他們確實擁有一幢好房子，但幸福不是買了房子就能達到的目標。

5. 同事和老婆與兩個孩子一起拍的全家福。

他們一家人一直看起來這麼完美嗎?又或者這只是經過編輯的假象?這些孩子是不是很失控?他們是不是一天到晚都在抱怨?這對伴侶還愛著對方嗎?他們是不是因為生活忙碌而逐漸分道揚鑣?他們現在還睡在同一張床上嗎?

6. 以前的熟人訂婚的照片。

這次訂婚真的是一場驚喜嗎?又或者是最後通牒使他們不得不訂婚的?說真的,促使他們訂婚的真正動力到底是什麼?

7. 你認識的一家人,在巴哈馬和其他家庭一起度假的照片。

許多家庭一起度假,聽起來就像是一場嚇人的災難。何必自找麻煩?還有,是誰在和誰偷吃?他們何時會正大光明地公開這件事?

在看見一模一樣的照片時,你可以出現這兩種極端相反的反應。事實就是,每個人都只會看見自己想看見的事物。我們會在腦袋裡編造出各種幻想，對自己說謊，並以此為基礎建立我們的自我價值。

但這不是件好事。無論我們做的事是預設一切都超完美，還是努力尋找瑕疵的線索，我們都應該停止這種行為。我們應該要努力用快樂的平凡標準做判斷，換句話說，**我們應該接受事物原本的樣子**。我們應該要把焦點放在自己的生活與感受上，忽略其他事物。

無論其他伴侶看起來如何、做出哪些舉動或如何展現自己，對我們來說都無關緊要。我們不可能單靠別人的照片和外表就徹底了解別人的愛情。這就是為什麼在名人、剛結婚的人和那些時常上傳美好愛情照片到網路上的人分手時，我們會這麼訝異。我們覺得這些伴侶的關係看起來很完美，但那是因為我們看見的只是生活的一小部分。他們展現出美好的部分、藏起糟糕的部分，再忽略掉平庸的部分。我們可能會因此覺得自己不夠特別，但在現實生活中，他們也會遇到平凡的生活瑣事——就像我們一樣。

事情是這樣的。在我們論及愛情時，重點永遠都不在於愛情看起來是什麼樣子，而在於愛情帶給你什麼感覺。我現在就能告訴你，真正能判斷一段戀情是否完美的，只有在這段戀情中相愛的那兩個人。無論他們在網路上看起來怎麼樣都不重要，無論他們在照片裡看起來登不登對也不重要。就算他們在周日下午去雜貨店購物時看起來深愛彼此，也一樣不重要。真正重要的是他們真心愛著對方。

那麼，完美的伴侶真的存在嗎？這個問題值得我們深入討論。嚴格來說，沒有任何事物是完美的。所有事物都有瑕疵，但是，如果你在明知某個事物有缺點的狀況下，仍感覺它是完美的，那麼就算你要說這個事物是完美的也沒關係。但請別再依照表象來批判其他人或做出任何假設了。當你批判的事物與你無關時，你永遠也沒辦法知道這個事物的真正樣貌。

你的伴侶是普通人還是爛人？

以下是幾道問答題，提供你檢視自己的伴侶是個普通人還是爛人。

□時常談論自己：普通人

□只談論自己，從不問你過得怎麼樣：爛人

□在工作時不會馬上回你的訊息：普通人

□只要你因為工作而不馬上回訊息就對你發脾氣：爛人

□因為老朋友突然有事，所以在最後一分鐘問你可不可以取消原本的安排：普通人

□因為要和新朋友出去玩，所以在最後一分鐘問你可不可以取消原本的安排：爛人

□把髒碗盤留在水槽裡，直到隔天才洗：普通人

□每天都把髒碗盤留在水槽裡，就算你要求他洗碗也沒用：爛人，也有一點點可能是普通人

□因為想要存錢而拒絕和你去旅行：普通人

□因為對於你想去的地方沒有興趣而拒絕和你去旅行：爛人

□只要有人對你感興趣，就顯露不快：普通人

□只要有人對你感興趣，就會找你吵架：爛人

□時常抱怨工作，但又不去找新工作：普通人

□沒有工作，也不想去找工作：爛人

□希望知道你和哪些人約出去玩：普通人

□必須知道你和哪些人約出去玩：爛人

□稱讚你的外表：普通人

□告訴你應該怎麼打扮：爛人

□請你幫忙解決他的問題：普通人
□把自己的問題怪在你頭上：爛人
□請你幫忙做事：普通人
□命令你該做什麼事：爛人
□在搞砸的時候道歉，並表現出歉意：普通人
□在搞砸的時候只會道歉：爛人

普通人的愛情十誡

1. 不該把自身的平凡戀情拿去和任何人比較。

「為什麼我們不能像（填入其他情侶的名字）一樣常去外面吃餐廳？」

「其他情侶都很常去度假和旅行，為什麼我們不行？」

「其他人都會在社群媒體上發文說另一半的事，你都沒有。你是不是不愛我？」

簡而言之：沒有任何戀情會是一模一樣的。在談到戀愛關係時，是沒有平均值可言的。只有你自己可以在你的戀情中定義自己的平均值。這是因為每一對情侶都不一樣，每一段愛情也都不一樣。你和伴侶沒有爬到社群媒體的中心呼喊愛情，並不代表你們的戀情低於平均值。你和伴侶都喜歡待在家裡而非外出，或者你們比較希望能存錢而非把錢立刻花在假期上，並不代表你們的戀情比較無聊。如果你們的戀情使你感到不開心，絕不會是因為其他人的戀情——而是因為你們的戀情中有某些因素使你覺得不開心。別再聚焦在其他人身上了，請自己想清楚，你的目標是什麼。說到底，在一段戀情中，最重要的就是你過得是否快樂。

2. 應理解無論遇到何種狀況，只要你的另一半想要和你在一起，就必定可以找到能和你在一起的快樂但平凡的方法。

我覺得浪漫喜劇已經把我們的生活給毀了——既是因為英文字典裡多了浪漫

喜劇「rom-com」這個詞，也是因為浪漫喜劇使我們變得不切實際。我們因此開始相信童話故事與電影《當哈利碰上莎莉》(*When Harry Met Sally*)中的戀情，雖然我很喜歡這部電影，但我真的忍不住想問，如果他們真的那麼想要在一起的話，幹嘛不早點承認啊？

生活不是電影劇本，也不是愛情小說。生活就只是一群平凡的人類按照動物直覺，為了和吸引他們的對象交配而四處奔波。沒有什麼花招。就只是為了可能有做愛的機會而和其他人性交，如果成功做出了愛（無論有沒有性交），我們這些人類就會立刻做出反應，通常我們的反應都會像笨蛋一樣，這是因為愛情總是會對人們產生超怪的影響。話雖如此，但如果某個人想要和你在一起的話，他必定會想要和你說話，想要和你相處，想要和你在一起。不，普通情侶不需要事事完美，只需要足夠好就行了。而「足夠好」，代表的是總能找到方法度過難關。你不需要枯等對方回覆訊息，也能弄清楚這一點。

3. 應傾聽「不怎麼樣」之直覺。

在普通人的世界中，事情不需要總是處於超棒的狀態，但是如果你覺得這段感情已經低於「足夠好」的話，那麼或許是時候該前進了。你的感覺不會說謊。如果你覺得有些事情不太對勁，很可能真的不太對勁。舉例來說，如果你覺得你的另一半可能在偷吃，也許不是胡思亂想（但也有可能其實沒有；正如我常說的——先仔細判斷，再做出指控。事實上我從來沒說過這句話，但我從現在開始常說應該還不晚吧？）你不該忽視自己的直覺。你值得足夠好的感情。請別忘記這一點。

4. 應給足夠好的關係一個機會。

如果你對某個人有感覺，當然會想進一步了解這是不是愛。畢竟這就是約會的作用。或者我該說，這是約會以前的作用，如今約會的作用變成靠著應用程式上的外表與興趣來批判一個人。你必須先透過智慧型手機和對方聯絡並計畫好見面，在經歷了這些繁雜的手續後，你才能判斷對這個人有沒有感覺。老實說，我覺得這整串嚴峻考驗實在非常荒謬，其實在見到真人後，你只要花數秒鐘就能搞清楚你和這個人之間有沒有初步的感覺了。初次約會應該是這樣：「我們在酒吧前面碰頭，閒聊兩分鐘，接著再決定要不要繼續真正的約會。」雖然這種約會仍然有機率會很爛，但你有很大的機率能用這個方法過濾掉一大堆人。無論你是如何認識潛在戀愛對象的，只要你對那個人有感覺，就應該去追。就算你覺得他看起來是個一點都不特別的普通人也沒有關係——最重要的是你對他有感覺。

5. 應與欲共度餘生之伴侶討論所有普通的小事，這是因為確保你們兩人的世界彼此契合。

你想要結婚嗎？你想要旅遊嗎？你怎麼看待小孩？你的「夢想家園」長什麼樣子？你想要住在哪裡？你如何衡量金錢價值？在愛情裡，討論重要又平凡的生活瑣事永遠都不嫌早。何必要等到你和一個人交往許久之後，才發現他的想法和你截然不同呢？你可以選擇趁早確認你們有沒有辦法找出折衷方案，或者，你也可以選擇避免討論這些話題，等到之後再說，並暗自希望另一半和你的意見一致。而你必須面對的風險是，如果對方的價值觀和你不一致，你可能必須經歷非常艱難的分手。若你和必須分手的對象在一開始就討論過這些事，你就可以把和他交往的這段時間用來獨自享受生活，或許還能認識其他價值觀與夢想都和你一致的人，或者認識至少願意過上一個快樂又平凡的生活的人。

6. 應在伴侶不確定兩人的未來時，離開對方。

如果他不願意做出承諾，請務必離開。說真的，別再想著他終有一天會做出承諾，他不會，就算真的在未來的某天做出承諾，但你真的希望和你度過後半生的人曾在和你交往的其中一段時間覺得：「這個嘛，我現在還不知道我想不想和你永遠在一起耶。你可以慢慢等我決定嗎？」什麼鬼啊？不，你才不要慢慢等待對方決定要不要和你邁向未來，並因此延後你自己大有所為的未來。在對方下不了決心時，你應該要再次進入情場，繼續前進。如果他最後決定你就是彼此的未來，而你的未來仍有位置能讓他參與，那麼這樣很好——接下來你們就可以一輩子在一起了。但絕不要枯坐在原地等待，這種行為太可悲了。

7. 應在感情無法繼續下去時，接受事實。

愛情有時很苦。你必須付出努力。但是，如果你已經努力不懈許久，事情一直沒有達到足夠好的程度，那麼你終究要停下來，捫心自問這段戀情是不是注定無法成功。看似完美的戀情，不代表真正完美的戀情。就算你們的戀情在多數時候都很好，也不代表應該要忽視狀況很差的時候。你不能強迫自己或其他人想要或喜歡特定的事物。你不能強迫其他人改變。你不能強迫自己變得幸福，當然也不能強迫兩個人相愛。你能做的是接納自己的平凡生活，並放下這段生活中比平凡更糟的事物。

8. 跟我說一遍：有時候，只有愛是不夠（好）的。

這是我的親身經歷，我要說的是，雖然你們相愛得要命，但這並不代表你們之間的感情必定能克服所有阻礙並走到最後。有時候，只有愛是不夠的。或許你愛的對象不想要養小孩，而你也不願意放棄你能和他養小孩的機會。或許你們幾乎遇到什麼事都會吵架，而你再也不想要繼續這段會毒害你們的關係了。或許你們的世界就是無法契合，而且未來也不可能契合。無論你遇到的是哪種狀況，都沒有關係。人類誕生到地球上時，並不是電子遊戲裡的角色，我們的目標並不是找到一個特定的對象。我們可以談戀愛的對象不只一個人，所以就算你的其中一段戀情走不下去，也沒有關係。只要你想要再次找到愛，就能再找一次。

9. 不應為了找到令人不可置信的非凡愛情，而拒絕接受平凡的感情。

平凡的愛情，也是愛情。就像是你可以當個平凡的人一樣，你的愛情也可以是平凡的愛情。就算你們不至於每天見面，也不代表你做錯任何事。就算你們沒有牽手逛街，也不代表你做錯任何事。就算你們之間的愛已經沒有一開始那樣令人不顧一切，也不代表你做錯任何事。各位，這就是人生。你要知道足夠好和不夠好之間的差異，這是因為足夠好的愛，往往也是最偉大的愛。過度的熱情，可能會使你走上不太好的過激道路。

10. 絕不應該按照數年前安排的人生規畫，影響愛情關係中的決定。應全心接納普通且自然而然出現的愛與人生。

你可以選擇跳脫人生規畫，按照自己的速度過生活，此外，你也不可能為了人生規畫而控制人生中出現的所有鳥事。不想結婚或不想養小孩嗎？沒問題。想要結婚，但不想要馬上就結嗎？那就不要馬上結婚。但是，就算你在遇到另一半後變得想要馬上結婚，也不需要因為先前制定的人生規畫而對結婚感到猶豫。你擔心自己無法及時遇到對的人與生小孩嗎？請進入情場，試著尋找能讓你心動的人。但同時你也可以了解其他選擇，不要因為沒有找到愛情而認定自己是個失敗者。愛情是很特別的，不是嗎？如果每個想要找到愛情的人都能立刻就找到愛情的話，愛情就沒那麼特別了，對吧？

有太多人預先安排好自己的人生規畫了。「二十六歲訂婚，二十七歲結婚，三十歲之前生第一個小孩。」至少我以前總是這麼告訴自己的。但是，在我二十六歲時，我卻沒那麼想要趕快結婚。接著，我三十歲了，但我根本還沒有準備好要生小孩（不過如果當時我真的生了小孩的話，我也很願意接受這些事情，例如接受銀行帳戶只剩下負債之類的）。直到那時候，我才意識到這一切其實都沒關係。我為什麼要這麼趕呢？我想要證明什麼？人們在各種不同的年齡結婚，有些人結婚好幾次，有些人一輩子不結婚。此外，儘管對女人來說，懷孕的年齡很重要，但現在也有其他方法可以在你的年齡不適合懷孕後養小孩。

說到底，我們應該要在想做某件事的時候，再因為想做而去做這件事。當生活用預料之外的事件揍你一拳的時候，你得順著這一拳的力道轉身，而不是用力反抗。依照自己的速度生活，絕不是低於平均水準的生活方式。若因為覺得自己理應擁有某些事物，所以才去追逐那些事物的話，這才是真正低於平均水準的生活方式。但你並不是個特別的人，你只是個普通人。相較於努力達成很可能永遠不會適應的特殊生活，不覺得過上本就適合自己的平凡生活比較好嗎？我永遠都寧願選擇足夠好的生活。

我的感情生活很不錯！

Chapter 5

社群媒體的假象

對於網路上那些「完美人生」的看法

Is Everyone More Impressive Than You on Social Media ?

... and other thoughts about overachievers' Pinterest-perfect lives

為何該停止在意他人如何看待你的生活

社群媒體焦慮。名詞。因為自己的生活，比網路上每個人的生活都還要普通而產生的不安感。

過去多年來，我每天的生活都是在起床後確認社群媒體的訊息通知，然後出發去學校或公司，接著繼續確認我的社群媒體訊息通知。我在網路上的樣子，遠比我在真實生活中的樣子更重要。我認為我可以靠著網路讓其他人喜歡我——尤其是那些在現實生活中可能會覺得我很煩的人，以及那些在真實世界中永遠不會花時間認識我的人。社群媒體讓我有機會受到關注，有機會使其他人覺得我的生活很有趣又精采，使他們發現我其實是個思想深刻且人生充滿意義的人。

悲哀的是，就算社群媒體在近幾年來改變了好幾次遊戲規則，從美國線上（AOL）改到MySpace、臉書、Instagram和各種新的社群媒體，但我想要在網路上顯得令人驚艷的渴望卻沒有任何改變。事實上，這種渴望反而變得更強烈，我也變得更熟悉如何在網路上競爭。但其實，我們看到的多數事物都是假的（修圖照片）、不真實的（在同一地點拍攝兩百張一樣的照片後取其中一張，其他照片沒那麼好看所以從此不見天日），或不可企及的（那些有錢部落客在世界各地旅行的貼文）。

我們已經花了太久時間放任社群媒體對我們產生負面影響了，知道接下來我們該怎麼做嗎？我們該停止這種行為。接下來，讓我們一起了解為什麼。

我過去在編輯網路上的個人檔案時，總是希望能使自己看起來比現實世界的我更特別。以前，美國線上的個人檔案會請使用者填寫婚姻狀態，儘管我當時一直都是單身，但我總是會想辦法把檔案編輯得好像戀愛生活非常豐富。我會放上「恢復單身，已準備好發展新戀情」這一類的話，或者用許多愛心（<3）遮蓋住答案。無論如何，我都不會讓其他人知道我的戀愛生活有多乏味。

然後，還有個人檔案的裝飾設計。當時我對裝飾個人檔案的熱情，顯然預示了我後來對裝飾個人首頁的熱情。字體顏色、背景顏色和字型對我來說都非常重要，這些特色能使我的個人檔案鶴立雞群。我當時很驕傲我沒有使用最基本也最平凡的字型「Comic Sans」，那時我深信這個字型就像是隨便找一間附近的五金行都能買到、上面寫著「生活、笑容、愛」的牆上裝飾品。我的個人檔案（還有我後來的客廳）顯得漂亮又時髦，反映出擁有者是個有才能又傑出的人——而不是個平凡又超級普通的人。至少，我希望人們是這樣看待我的個人檔案與客廳。

除了個人檔案的外觀之外，我也非常謹慎地雕琢檔案中的文字。我在上面列出歌詞，是希望其他人能因為我聽的音樂而認定我是個很酷的人。我在上面列出一些引述的句子，是希望其他人覺得我的生活有趣又充滿戲劇性，不過事實上我的人生沒有半點戲劇性存在。我在上面列出一些只有自己人才懂的要點，是希望其他人覺得我的社交生活很刺激，但我的社交生活其實很普通。

我在個人檔案中輸入這些文字，有很大一部分是為其他人，而不是為了我自己。我這麼做的目的是想隱藏我超級平凡的生活，希望他人能覺得我很棒。但是，這種超級平凡的生活有什麼不對的地方嗎？這個嘛，相較於其他人放在網路上的檔案，超級平凡的生活顯得挺爛的，我當時對此感到很難堪。我的生活不應該這麼普通，我的生活應該閃耀奪目才對。所以，我決定利用社群媒體來假裝我擁有超讚的生活，上傳絕美的照片，用文字描述幸福的生活——我從早到晚都在這麼做，直到我意識到這麼做已經不酷了（說不定這麼做從來都沒有酷過？我不知道）。

我剛開始用Instagram時，我弟跑來問我為什麼要這麼常發文。

「本來就應該要這樣，不是嗎？」我回答。從我在一九九〇年代第一次使用網路暱稱開始，我在社群媒體的經驗就是「超多發文，或者完全不發文」，所以我理所當然地以為只有這兩種模式。

「當然不是啊，你這樣讓人很尷尬耶。你應該每天發文一次就好。」他告知我。

我應該每天發文一次就好、我應該每天只上傳一張照片，這些規矩是誰訂的？我想著。「我才不需要遵守這種小孩子制定的假社群媒體規矩呢。」我表面上哈哈大笑，但腦海中的思緒卻已如萬馬奔騰。我太常發文了，我必須停止這種行為！

在我弟告訴我這件事之後，我花了好幾個小時，充滿壓力地決定我要上傳哪張照片，還有應該在何時上傳。我說的好幾個小時，並不是一種誇示。在我從希臘旅遊回來之後沒幾天，克莉絲汀．泰根（Chrissy Teigen）在推特上殘忍地指出人們不該在度假回家之後繼續上傳假期的照片。因為弟弟告訴我的不成文規定，所以我在旅遊過程中每天都只上傳一張照片而已，這導致我在回家後還有許多照片尚未分享。泰根的推特讓我陷入恐慌，我開始不確定我能不能在假期結束後繼續上傳假期的照片。

我以前是會在社群媒體上大量發文的那種人。我會在切換到暫離狀態時，更新說我要去洗澡了，我會在臉書上告訴你我在圖書館、我在練習啦啦隊、我在看《嗜血真愛》(*True Blood*)。我不需要擔心我的貼文是否正確。我會直接發文寫出所有出現在腦海中的事情。

在大量發文變成一件不酷的事情之後，我上傳的貼文只剩下那些我認為能讓我的檔案看起來非常特別的貼文。如果我沒有在數分鐘內得到一定數量的讚，我就會把那則貼文刪除。其實我以前不是這樣的人，如果翻出我十年前的社群媒體貼文，會發現我的貼文全都很隨性——有沒有人按讚並不重要。但是，我卻突然間重視起我是否做到在對的時間上傳對的貼文，只為能獲得最多讚數；若換個說法的話，我這麼做其實是為了想盡可能地讓最多人認可我並不平凡——我是個傑出的人、我是個成功的人、我是個特別的人。而且，想要藉此獲得認可的不只是我而已。突然之間，所有人都開始尋求認可。

在我們還不在乎他人認可時，事情簡單多了。我們為什麼會突然在乎起來呢？我們是不是把自己給毀了？

把自己拿去和其他人比較只會毀了自己

為了使其他人覺得我很特別，我不只上傳照片到網路上，我還做了其他事。另一件會引起社群媒體焦慮的東西，是我的職稱。在領英（LinkedIn）上，我們用職稱來定義每個人。雖然職稱只有寥寥幾字，而且在不同公司具有不同意義，但當看到同儕進入好公司，並獲得似乎比自己更高的職位時，不免還是會感到痛苦。這樣的比較，會使自己感到本身是個不夠格的中等人。

過去有很長一段時間，我都相當執著於這些東西。我努力想要獲得能在社群媒體上使他人艷羨的職稱，沒有去尋找我真正喜愛的工作。我用照片與貼文能獲得多少按讚數來定義自我價值。我瀏覽其他人上傳到社群媒體上的貼文，接著責怪自己的生活似乎過得不夠好。

「超開心的，我今天終於錄取夢想中的工作了。人生的運作方式實在太神祕了。」我可能會在 Instagram 上看到老同學這麼寫道。

「定案啦——我下個月要搬去紐約市了！」我可能會在推特上看到前同事推文。

「羅馬→佛羅倫斯→威尼斯→巴黎→倫敦」我可能會在臉書上看到一位同儕上傳這個標題的相簿，裡面都是他最近去旅行的照片。

「詹姆斯進入〔請填入夢想公司的名稱〕擔任總監了。」我可能會在領英上看到這則通知。

而二十三歲的我則坐在床上，把蘋果筆電放在腿上，不斷瀏覽社群媒體的訊息通知，窺視著其他人的生活，而不去過好自己的生活。

我很嫉妒其他同儕的生活看起來這麼精彩，因此一直覺得必須把自己的生活變得更出色。我可以搬到更好的地段、住進更大的房子、背上更昂貴的包或者更頻繁地去度假，無論是使用哪種方法，我都必須在網路上把不值的生活變得更特別。

我因此欠下愈來愈多社群媒體焦慮導致的負債。度假、昂貴的紅酒、有機雜貨、時髦健身課程、「平價」的設計師手提包、流行服飾、百貨公司從二〇一一年至二〇一六年出的每款涼鞋、居家飾品、小靠枕——只要是能讓我看起來比真正的我更特別的事物，我全都買單。

我努力在外在世界展現出完美樣貌，但內在世界正逐漸崩潰。

「每對情侶都去度假了。我們為什麼不去度假？」我會窩在沙發上，一邊滑臉書一邊對丹說，「太誇張了。我們從來都沒有一起做過什麼有趣的事。我們甚至也不出去約會了。我們為什麼還要在一起？」

「別再把我們拿去和別的情侶比較了。」他會這麼回答我。

但我就是放不下這件事。我的臉書和 Instagram 訊息通知裡，充滿了許多對快樂的情侶去夏威夷、巴哈馬、義大利和巴黎度假的照片。這使我開始質疑我和丹的戀情。

為什麼我們沒有錢像其他情侶一樣去旅遊？我們做錯了什麼？我們甚至連約會都很少了。我們是不是應該更常約會？我們花在對方身上的錢是不是不夠多？這是不是代表他不愛我了？這是不是代表我不愛他了？是不是因為他賺得錢太少，所以我才不快樂？是不是我賺得錢太少，所以我才不快樂？我們是不是這輩子都不可能賺到足夠的錢了？

我在某次錄取一份薪資更高的工作後，說服丹和我一起去邁阿密旅遊當做慶祝。我當時計畫要用信用卡支付這趟旅行的開支，等到結束旅行後，我就能用新工作多出來的薪水支付這筆旅費。我們用超划算的價格訂下豪華飯店的一間房間，只帶了兩、三百美金在身上當做零花錢。我們當時預設這整趟旅行應該只會在信用卡帳單上增加六百美元的負債。不過，在抵達飯店的二十五分鐘之內，我們就拿到兩杯瑪格莉特調酒的帳單，一杯二十五美元。不久後，送上來的帳單上則列出三十美元的沙拉、七十五美元的牛排和一百元的紅酒。我很確定，丹至今仍然很介意那趟旅程有那麼多意外花費。

我有沒有告訴過任何人，在結束那趟旅行回家後，我們多了一大堆負債、心中充滿焦慮，並且為此吵架許多次呢？這是不可能的事。我不但從沒向任何人提起，我還上傳和丹在鏡頭前微笑的照片到網路上。我上傳了在飯店陽臺看出去的海景；上傳了身上穿著度假兩周前才買的、完美搭配的整套服飾的照片。

其他人在社群媒體上看到這些照片時，只會覺得我的生活很豐富，我的戀情很穩定。事實上，我累積了一大筆不必要的信用卡債，還傷害了我和丹之間的關係。

隱藏自己只是個普通人

在這趟旅行之後，我更加渴望能在網路上展現出生活很豐富的樣子。我希望其他人進入我的Instagram帳號頁面時，能發現我是個成功的人。我穿上完美搭配且昂貴的流行服飾，我到從沒去過的地方旅行，我正在談一段認真的戀情，我擁有令人嫉妒的家庭。還有朋友，超多朋友！在我更努力地維護這種表象的這段期間，其他同儕似乎也在做一樣的事，但當時我從沒想過這件事。我認定他們的生活比我更精彩，只有我一人是裝出來的。事實上，我至今仍會這麼做。

我在社群媒體上看到其他同儕一天到晚和朋友出去玩時，總是會感到嫉妒。

大家知道這種心態有多誇張嗎?雖然我現在和朋友見面的頻率沒有以前那麼頻繁,但我很確定社群媒體上的人在看到我上傳的照片時,會以為我一天到晚都在和朋友出去玩。雖然我們以前每隔兩周就會見面一次,但現在我們見面的頻率已經變成一至兩個月一次。

每當我看到其他人又去了他們人生目標清單上的國家旅行時,我都會感到嫉妒;與此同時,我可能必須花上接下來好幾年的時間,償還我去希臘旅行欠下的債款。雖然我上傳到Instagram的桑托里尼島(Santorini)照片看起來很完美——但這並不代表我的生活也很完美。

每當我在臉書上見到看似恩愛的情侶一天到晚一起吃晚餐,並和其他看似相愛的情侶一起出去玩的時候,我都會感到嫉妒——但其實其他人看到我和丈夫的照片時,一定也會覺得我們看起來很登對,畢竟照片中出現一對微笑的情侶時,你也只能有這種解讀了。

我甚至會在其他人煮了健康的餐點後把照片上傳時感到嫉妒,在我連續三個禮拜都沒有自炊、只吃外帶食物時尤其如此——但不會有任何人知道這件事,畢竟我曾在Instagram上大肆宣揚我為減肥顧問公司慧儷輕體製作的精緻餐點，還使用了該公司專屬的主題標籤「#adultinginthekitchen」。且讓我把這個主題標籤背後的故事娓娓道來。我在某一年煮了大約八次飯之後，赫然發現我說不定就是下一個瑪莎．史都華[1]（Martha Stewart）。令人惋惜的是，我並不是。我變得很懶惰……並且開始嫉妒所有在社群媒體上傳烹飪照片的人……接著我覺得自己是個不夠好的人。但我為什麼會這麼覺得呢？

我會有這種感覺，根本一點都不合理。任何人有這種感覺都是不合理的。我並不是唯一一個不擅長安排要在何時與朋友見面的人。我並不是唯一一個為了旅行而積欠信用卡債務的人。我也絕對不是唯一一個戀愛生活無法達到每時每刻都百分之百幸福的人。這些事情都很平凡、很普通。但出於某些原因，我們全都想要隱藏「我們只是普通人」這個事實，並因此傷害了自己。

1 編按：瑪莎．史都華為美國富商與著名專欄作家。有「家政女王」、美國最會賺錢的家庭主婦之稱。

如果所有人都能停止假裝完美

事實上，我們全都時常覺得自己很平凡——而且我們大多都很努力地想要在社群媒體上展現出「我們是不凡的人，我們過著不凡人生」的表象。我們一邊覺得自己很平凡，一邊在社群媒體上展現假的人生，這是因為我們全都忘了，那些我們拿來比較的對象在社群媒體上展現的，很可能也是假的人生。

你真的覺得你追蹤的那個旅遊部落客總是在旅行，從來都不會花一整個周末打掃家裡，也不會想念親友嗎？你真的覺得你最愛的時尚部落客沒有因為買東西而欠下卡債嗎？你真的覺得你認識的每個人都因為他們的戀情而感到幸福嗎？你真的覺得那些說自己賺很多的人，全都賺了很多錢嗎？

我們總是說社群媒體對社會的衝擊愈來愈嚴重了。我們總是擔心孩子從小到大都在使用這些平臺會受到何種影響，好像我們以前沒有應付過這種鳥事一樣。但真正的問題從來都不是社群媒體，而是我們把謊言上傳到社群媒體這個平臺上。

打從我在國小三年級拿到第一個網路暱稱以來，我一直都在努力把網路上的形象塑造成希望其他人看到的樣子。打從我在九歲時湊巧聽到舞蹈班的其他女孩私底下說我很煩人之後，就一直很擔心其他人是怎麼看待我的。打從我翻開這輩子的第一本雜誌以來，我一直都在拿自己的身體和其他女孩的身體做比較。

當我們拿自己的身體和雜誌上的女孩做比較時，我們都很清楚雜誌上那些女孩的身體其實是經過修圖的，同樣地，當我們把自己的生活拿去和其他人做比較時，要知道那些生活也是經過「修圖」的。人們會在網路上潤飾自己的戀情，創造出幸福的樣貌。他們會利用文字與圖片來編輯自己的故事，永遠不會讓其他人有機會看到他們刪除的景象。他們只會分享他們想分享的部分——而我們這些追蹤貼文的人往往照單全收，以為他們描述的故事是真的，以為他們就是這樣的人。

我常會猜想，如果我再也不在意這些事情的話，會怎麼樣？如果我說：「管他的，我才不在乎其他人發現我一天到晚都在穿同一套衣服呢。我不在乎其他人看到我在海灘上用不纖細的身材穿著比基尼時有什麼想法。我不在乎我的薪水只有多數朋友的三分之一。就算我有許多同儕在臉書上貼文說他們的錢多到能夠投資房地產，我也不在乎我存的錢不夠買下一間好房子。」

真正的問題在於，其他人對於你我的經濟狀況、身材和衣服，根本沒有半點興趣；真正對這些事情感興趣的，只有我們自己。沒有人會因為我們拿的是設計師款包包或因為我們能去歐洲旅遊而認為我們比較成功。要是我們能從以前那些社群媒體中學到教訓的話，就好了。根本沒人會在意我們在狀態列上打了什麼歌詞，也沒人會管我們在個人檔案裡列出多少朋友的名字縮寫。無論我們的網路暱稱有多酷都不會吸引到新朋友，無論我們在個人檔案裡為了假裝自己有男友而引述哪些話，都不會幫助我們交到真正的男朋友（噢，只有我做過這種事嗎？好吧，當我沒說）。

我們吸引到的朋友存在於真實生活中。我們培養的興趣存在於真實生活中。我們建立的事業存在於真實生活中。我們的幸福存在於真實生活中——有時我們也會在真實生活中感到難過，但那也沒關係，畢竟我們不是機器人。我們是有感情的人類。

我只希望我們在欺騙其他人的感情時，能做得更好。我們大可以炫耀。我們也可以分享我們的冒險旅程。我們當然也可以上傳自拍照。但讓我們一起停止說謊吧！讓我們停止吹牛吧！讓我們停止隱藏平凡的生活，別再只展示出生活中最棒的那一部分了吧！讓我們記住這件事：我們永遠也不可能真正得知其他人的真實生活過得怎麼樣，更不用說他們上傳的照片或貼文所代表的真實意義。那些全都只是我們的投射而已。如果我們能用更現實的角度看待這些事情的話，或許就能開始分辨謊言與真相，開始用不同角度解讀這些照片與文字。接著，或許我們將能全心接納本身平凡生活，也接納其他人的平凡生活。

社群媒體焦慮

以下是普通人的社群焦慮自我檢查清單，每多一個勾號，就給自己一分。

□你在網路上看到那些生活似乎很精彩的人時，曾感到嫉妒。

□你在看到其他人擁有很多朋友之後，曾懷疑過自己的朋友數量是否足夠多。

□當有人把你看起來很普通的照片上傳到網路時，你曾感到勃然大怒。

□你會選擇比較好看的照片上傳到社群媒體，並把比較不好看的照片藏起來，並曾經為了挑選這些照片而把自己搞到快抓狂。

□你曾因為社群媒體上的照片或貼文獲得的按讚數不夠多而把它們刪除。

□你曾因為想要更令人印象深刻，而在一個月內更換兩次以上個人檔案照片。

□你曾花五分鐘以上的時間編輯自己的照片，希望能讓照片中的自己比平常更好看。

□你曾因為社群媒體上的貼文獲得的互動不怎麼樣，所以覺得沒人喜歡自己。

□你曾因為網路上祝賀生日快樂的人數不夠多而感到沮喪。

□你在網路上回覆他人訊息或主動傳送訊息時，曾因為害怕自己太普通而不知道該說什麼才對。

□你曾因為覺得馬上回覆網路上的訊息會顯得太過急切（或者因為你不知道

該說什麼才對），所以選擇先不理會。

☐ 你曾因為忘記回覆某個人在網路上傳給你的訊息，而在午夜夢迴對此憂慮不已。

☐ 你想知道為什麼不能對網路上的訊息標上「稍後回覆」的符號，就像電子信箱那樣。

☐ 你曾為了使自己的戀愛生活顯得比實際情況更精彩，而在網路上貼文。

☐ 你曾為了使自己的家庭顯得比實際狀況更美滿，而在網路上貼文。

☐ 你曾為了使自己的社交生活顯得比實際狀況更出色，而在網路上貼文。

☐ 你曾為了使自己的經濟狀況顯得比實際狀況更富裕，而在網路上貼文。

☐ 你曾希望自己的生活能更豐富，如此一來才能在網路上多更新一些貼文。

☐ 你曾為了比較自己與過去伴侶的生活，而多次造訪他們的社群網站頁面。

☐ 你曾為了比較自己與現任伴侶的前任伴侶，而多次造訪他們的社群網站頁面。

☐ 你曾為了比較自己與前任伴侶的前任伴侶或新伴侶，而多次造訪他們的社群網站頁面。

- □ 你曾經很擔心，要是其他人有辦法知道你造訪他們的社群網站頁面有多少次的話，你該怎麼辦。
- □ 你曾因為擔心自己會不小心對貼文或相片按讚，而拒看社群媒體中的某些相簿。
- □ 你拒絕把手機借給其他人看社群媒體上的貼文，因為你擔心其他人會不小心用你的帳號按讚，使你顯得像是個不怎麼樣的社群媒體使用者。
- □ 你曾把手機借給其他人看社群媒體上的貼文，但你在他們滑貼文時開始感到恐慌，在數秒後大吼著要他們把手機還你。
- □ 你曾仔細檢查社群媒體上的活動紀錄，只為了確認自己在偷看不該偷看的貼文時有沒有不小心按了讚，並因此被其他人發現這種糟糕的舉動。
- □ 你在遇到平凡的人生大事時，曾因為社群媒體上的每個人都會知道這件事有多平凡而感到沮喪。
- □ 你曾在推特上抱怨過 Instagram 或臉書當機了。

□在手機沒電時，你曾因為無法看社群媒體而枯坐在椅子上想著「這下子我就沒事好做了。」

□在網路斷線時，你曾因為不能使用社群媒體而想哭。

□你因為網路帶來社群媒體而痛恨網路。

□你因為網路帶來社群媒體而深愛網路。

〇分：你沒有社群媒體焦慮，但你很可能在說謊。

你真的用過網路嗎？沒有吧？還是說，你是來自網路還沒出現的那個年代的鬼魂？一定是這樣沒錯。別鬧了。

一至五分：一點點社群媒體焦慮。

如果你在做這份檢查表的時候沒有說謊的話，那麼你的狀況很好喔。偶爾對每天使用的東西（例如網路）產生依附感是很正常的事，偶爾把自己拿去和別人比較也是很正常的。只要沒有越界，沒有對這些東西過度沉迷或因此感到恐慌，那就沒問題。

五至十五分：適量的社群媒體焦慮症。

雖然有時網路會帶給你一些負面影響，但好消息是，你並不是每時每刻都會受到這種影響。你在年紀比較輕的時候可能很在意網路上的事物，如今雖然你可能會偶爾在網路上看到別人的生活時質疑自己的生活，但你已經有這種自覺了。你知道自己在做什麼，你已經在真的越界之前制止自己了。別忘了提醒自己：「網路上有很多東西不是真的，那只是網路而已。」這麼一來，你就會過得很好。

十五至二十五分：呃，有點太高的社群媒體焦慮症。

嗯，你可能已經因為某個叫做「網路成癮症」的小症狀而接近崩潰邊緣了，不過你目前還沒崩潰。或許你還沒崩潰，是因為已經意識到自己的壞習慣並停止了；也或許是因為你注意到，真實世界中的事情在網路上會顯得不太一樣，於是制止自己太過在意。不過，有時你也會暗自想著，要是網路上的一切都是真的呢？要是那些人都不喜歡你呢？要是你的戀情很丟臉呢？要是你的生活真的比其他同儕更無趣呢？別再思考這些事了。離開網路，把手機放到一邊，去屋外聞一聞芬芳的玫瑰。如果外面沒有玫瑰的話，聞一聞清新的空氣就可以了。比起清單上的那些事，到戶外更能使你精神一振。不用謝我，快去吧。

二十五分以上：超嚴重的社群媒體焦慮症。

我要勸你一件事：你必須盡快遠離開各種科技產品。是的，把你的電腦藏起來，把手機藏起來，並登出Netflix。你需要休息一下。很顯然地，自從你能接觸到網路以來，網路就一直困擾著你，而且你顯然需要離開網路一陣子，恢復成沒有使用過網路的你（這句話的前提是你出生在網路還沒出現的年代）。網路上有許多事情都不是真的。網路上有許多人其實並沒有在注意你。

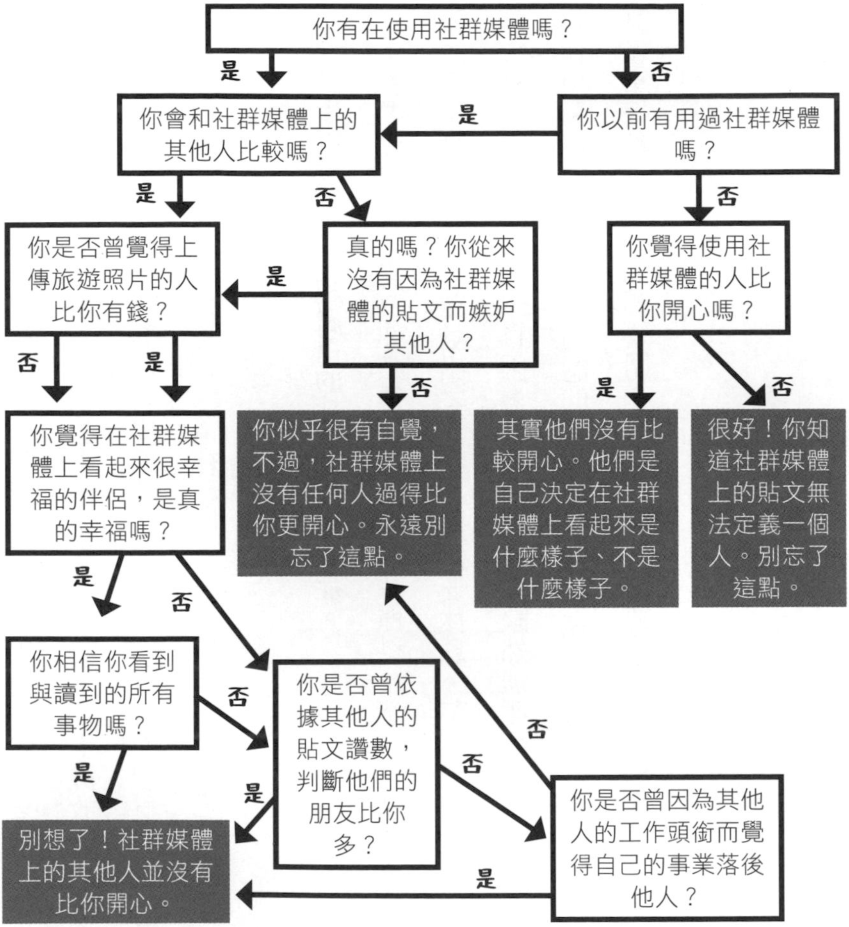

圖 1. 社群媒體上的其他人都比你開心嗎？

我才不理網路上那些假象咧！

Chapter 6
為何我們會覺得自己一無所成？

平凡，就是最棒的

Why Does It Feel like We've Accomplished Nothing When We Have?

... and other thoughts about life on the hump of the bell curve

寫給過去的一封信

以下是一封我寫給自己的信。

致九歲的薩曼莎：

嗨，是我。長大後的你，現在的生活很好，感謝你的問候。不過我應該要告知你一聲，我們沒有養貓。我們住的這棟公寓不能養貓，這件事爛透了，不過我們希望以後能搬到別的地方養一隻貓。我們至今仍是愛貓人士，希望你能對此感到驕傲。真是太瘋狂了，對吧？雖然有這麼多事都已經改變了，但我們大致上還是同一個人。我們甚至仍然抱持著同樣的夢想：成為一隻貓。這是我們得意洋洋地寫在幼稚園畢業紀念冊上的夢想職業。真是奇妙，我們在年紀還那麼小的時候就知道了那是個象徵性的夢想，永遠都不可能真的實現。我們只想要整天都在睡覺、控制人類餵我們吃飯，並不斷大叫直到我們得到所有想要的事物。至今我們仍覺得這樣的生活棒透了。

你是個有趣的人。別因為你很平凡就覺得自己不夠特別。你是個普通人，是個正常人，如此而已。我知道你前幾個禮拜在上舞蹈課之前，不經意地聽到幾個女孩在另一個房間裡說你很煩人，但我要告訴你，別理那些小孩。沒錯，你很煩人；沒錯，你話太多了。但這兩個特點都很普通。而且這兩個特點將會在未來的人生中，幫助你前往想去的地方。請不要因為害怕其他人不喜歡你，就隱藏你的性格。也不要試著成為別人，你只要做自己，做個平凡的人，自然就會過上快樂的人生。

也請你繼續接納我們普通的興趣，繼續談論你喜愛的事物，繼續看能讓你哈哈大笑的作品，繼續重複播放辣妹合唱團的歌曲（Spice Girls），繼續聽大個子小子（Biggie Smalls）和艾爾頓．強（Elton John）的歌（你將會因此變得更成熟）。喔，還有，對你爸爸好一點，他為了你，從頭到尾聽完辣妹合唱團、超級男孩和新好男孩[1]（Backstreet Boys）的演唱會。

1 編按：新好男孩成立於一九九三年，為美國知名流行音樂團體。

請繼續寫那本有著花朵封面的日記，繼續在黑色的作文筆記本中記錄你的故事。你可能會覺得生活太過平淡，所以這個世界根本不需要你的日記，但請為了你自己而繼續這麼做，接著你會發現先前的想法是錯的。你在做的事是有意義的，你描述的是能使他人產生共鳴的靈魂。你在描述你自己，你只是還不知道罷了。

還有，在長大的過程中，請你不要懷疑自己是個好人。你很聰明，你很美，你有天分，你的直覺很準，你有一副好心腸——不是啦，我不是在說你的腸胃很好，我是說你是個善良的人。你或許沒辦法在所有事上都表現得最棒或最令人欣羨，但只要你找到屬於自己的快樂平凡生活，你就會知道，你已經來到注定要抵達的美麗所在。

愛你的　薩曼莎

普通人也可以超級自豪的十項成就

1. 接受教育。

我想，我應該把這件事歸功於我的父母，尤其是我媽，她每天早上都要在我關掉鬧鐘又睡著之後叫我起床去上學大約十七次，直到我終於起床為止。如果不是她天天叫我起床，我大概會把每一學年都睡掉。學位根本不算什麼，每天早上移動我懶惰的屁股離開床鋪才是真正的成就。

如果你也能在每天早上起床，並移動身子離開床鋪去學校的話，你也應該要引以為傲。就算早上起床對你來說很簡單，你也應該要對於去上學感到驕傲。無論你的畢業成績好不好或者有沒有去上進階先修課程，都不重要。無論你參加哪些課外活動或上了哪間大學，都不重要。有沒有上大學這件事也同樣不重要。你不需要因為自己的教育程度很普通而覺得自己不夠特別。你去上過學了，你學過那些知識了，因此，你現在是個受過教育的人了。這才是真正值得喝采的事。

2. 你的公司在眾多求職者中選擇雇用你。

「為什麼是我？」我時常問自己這個問題，例如不小心用腳踢到床角的時候、網路斷線數秒導致我在看的Netflix影集停頓的時候，還有我的公司在眾多可以雇用的求職者中選擇雇用我的時候。說真的，為什麼是我呢？在論及工作的時候，我從來沒辦法確定這個問題的答案，我很確定這世上一定還有其他人比我更適合我錄取的職位。一定有其他人比我還要更厲害，但不知道為什麼，公司就是決定要冊封我這個職位。沒錯，冊封。被錄取是一種榮譽。

無論這份工作在哪裡或內容是什麼，都不重要。只要你的工作在眾多求職者中選擇了一點都不特別的你，這就是一種榮譽。請用這種態度看待你的工作。如果你在進入公司一陣子之後，想要和工作上認識的朋友一起八卦說雇用你的人有多爛的話，請記住這種榮譽。他們應該也沒那麼爛吧？畢竟他們選擇雇用你。若非要說的話，這也代表至少他們在雇用方面的才能是足夠好的。

3. 賺進足夠的錢來支付帳單。

就算我現在只有能夠支付帳單的錢，這件事對我來說也已經夠好了。我可以自己支付帳單耶，請稱呼我為「自給自足的薩曼莎」。我根本就像是大唱著〈獨立女人〉（*Independent Woman*）的碧昂絲（Beyoncé）。唯一的差別是我現在不住在自己買下的房子裡。不過，我希望以後能買下一間幢房子並住在裡面。

無論你支付的是哪種帳單，無論是電話帳單、貸款償還、醫療帳單、汽車分期付款、房租還是房貸，只要能定期支付任何一筆重要開銷，你就應該要感到自豪。好啦，我懂，身為普通人該做的基本事項之一就是支付帳單嘛。但如果你過得不夠好的話，是沒辦法支付帳單的。所以，你應該拍拍自己的肩膀，稱讚自己已經做得足夠好了。你不需要對帳單帳款做任何特別的事，只要付掉它們，就值得稱讚自己。

4. 開立儲蓄帳戶。

當你把所有薪水都拿來支付帳單、日常雜貨和其他重要的生活開銷時，你很難想像要把薪水存起來並且不去動它們。如果可以的話，我希望能回到初次收到薪水的那一刻，從那時開始每周存十五美元到儲蓄帳戶中。如果我在十五年前開始這麼做，並且不去動這個帳戶的話，如今裡面的儲蓄將會超過一萬美元。只要每周少花十五美元就行了，畢竟我五天內花在咖啡上的錢就已經超過十五美元。

由此可見，滴水真的可以穿石。一點一點努力就足夠好了。就算你每次儲蓄的金額都只能達到最低額度，也已經足夠好了。就算你儲蓄的錢沒有達到專家建議的應該在這個年齡存到的金額，也沒有關係，因為光是擁有儲蓄帳戶這件事，就值得你感到驕傲。每一分錢都算數。為此好好慶祝吧。

5. 靠自己殺死昆蟲。

事情是這樣的，我至今仍然很害怕蟲子，但我曾經靠自己殺掉蟲子，以後我也會繼續這麼做。聽到了嗎，臭蜘蛛？我是個超猛的獨立女性，我有能力殺掉你，衷心奉勸你不要出現喔。

6. 定期打電話給牙醫預約看牙。

我曾經有五年時間都沒有看牙醫，原因是我一直拖延打電話預約牙醫這件事。很誇張吧，不知道為什麼，我的代辦清單上的事項永遠都沒完沒了，而且每天都會不斷增加，所以我不斷把打電話給牙醫這一類的小事延後，優先處理那些能馬上帶來益處的事。等到我心中終於認為「預約牙醫」應該要排到優先處理事項時，牙齒狀態也已經不太妙了。那次看牙醫，簡直就是一趟煉獄之旅。雖然我沒有蛀牙，但牙醫花了大約兩小時幫我洗牙。就像我希望我能更早開始儲蓄一樣，我也希望我在沒預約牙醫的那五年間能先延後其他小事，定期預約牙醫。如此一來，我就能避免這麼痛苦的洗牙了。

如果你有一件小事要做的話，無論這件事是預約牙醫、剪頭髮、除毛或預約日曬房，請務必記得在確實做到後好好稱讚自己。小成就也很重要。你不需要為了更大、更厲害的成就，而延後達成這些小成就。

7. 和朋友維持聯絡（就算偶爾忘記回覆訊息也沒關係）。

你的朋友數量可能不是全世界最多的，有些朋友可能不是你最好的朋友，但只要你有朋友的話，那都不重要了。只要你能做到這件事就值得驕傲，你不需要做到最好。你的生活中有在乎你的人，你也一樣在乎對方，這是你的人生中最棒的事情之一。只要你能做到這麼棒的事，就應該要為此感到歡心鼓舞。

有時候，我會陷入沮喪的情緒中，我會覺得沒有人想要聽到我的消息，所以我也不想聯絡任何人。這種時候，我總會枯坐原地，心中不斷想著我根本沒有朋友。但接著我會提醒自己，我其實有朋友。無論我的朋友數量是否多到令人羨慕，無論我的社交行事曆是否充實到我能一天到晚和朋友見面，我都是個有朋友的人，我可以主動聯絡他們。他們都很在乎我。所以，我是個幸運的人。我當然也會像其他普通人一樣，偶爾太過專注在自己的生活上。我會忘記回覆訊息，會連續拒絕好幾個周末的朋友邀約，會連續好幾個月沒有和某些朋友見面。但這並不代表我不在乎他們，只要有朋友說他們需要我，我就會立刻瞬間移動到他們身邊——開玩笑的，我當然不會瞬間移動，但各位懂我想說什麼。人類不會心電感應。你必須付出努力，才能維持友誼，只要你有付出一定程度的努力，就已經足夠好了。你做得很好。

8. 替自己煮飯。

知道嗎？我根本不想鳥那些不喜歡其他人在社群網站上傳煮飯照片的人。煮飯的人成功完成一件事，想要炫耀一下，這和其他人上傳新生兒或新工作或訂婚的照片有什麼差別嗎？好啦，我知道這些事比按照克莉絲汀．泰根的食譜煮出起司通心麵還要更嚴肅一點，但慶祝生活中的小成就有什麼不對嗎？

我們太聚焦在稱讚那些改變人生的大事，以致於覺得在完成簡單的小任務後感到開心是一件接近可悲的事。但我可以告訴你，學會烹飪金絲南瓜也是個突出成就，還有，在經過一整天的漫長工作後，仍有力氣站在瓦斯爐前煮燉肉醬，更是生活中的一大成就。如果我在完成這些事情之後，想要一手拿著檯燈照明、一手拍下這些食物的照片，那我就應該這麼做。想怎麼慶祝，就可以怎麼慶祝。最重要的是，要繼續慶祝下去，不要忽略這些微小的成就。

9. 因為想做這件事而做。

有一種與眾不同的喜悅，來自你可以拒絕你不想做的事，並做你喜歡的事。你不想參加派對，拒絕吧。你不想看那部電影，拒絕吧。你不想繼續在目前任職的領域工作，但卻因為這輩子都在為了這個領域而努力，所以覺得必須這麼做？拒絕這麼想，然後去尋找覺得自己可能會喜歡的領域吧。

我過去花了太長時間不斷答應參加我不想參加的活動，這是因為我很擔心不這麼做會導致我錯失精采的社交生活。我在發現自己其實不喜歡這個工作領域後仍繼續做這份工作，是因為以為這麼做能讓我在同儕中顯得鶴立雞群。但是我在努力追逐他人讚嘆的過程中，卻忘了最重要的那個人：我自己。後來我意識到，做這些無法令我開心的事情不會帶來任何好處，於是我便不再這麼做了。在這之後我才發現，其實根本沒有人在意我有沒有參加派對。沒有人會因為我換了工作領域而覺得我失敗了。事實上，在意這些事的人只有我一人。你在人生中唯一需要討好的人，只有自己。這麼做之後，你就能同時討好你在意的人與你自己。所有人都大獲全勝。那麼，勝利時要做什麼呢？當然是要慶祝囉！

10. 快樂過生活。

你這輩子最重要的一件事，就是對自己的快樂感到自豪。我說的是真正的、確實的快樂，會讓你忍不住微笑並感染其他人的那種快樂。那種微笑不是假的。我知道啦——笑容會使你漸漸長出皺紋和魚尾紋。我媽曾直白地跟我說過，我會有皺紋和魚尾紋都是因為我太常笑，她可能說對了。但就算是這樣，我也很樂見其他人覺得我臉上會出現細紋是因為我很快樂。不，我當然不是每時每刻都在微笑，也不是每時每刻都很快樂。有時候我覺得很孤單，有時候我覺得自己是個騙子，有時候我覺得自己是個失敗者，有時候我覺得自己一無所成。但在現實世界中，我其實不是這樣的人。若我把本書中的所有獎章都考慮進去的話，我其實是個在各方面都表現得很不錯的人。儘管我不是我認識的所有人之中最傑出的一位，也不代表我做錯了什麼事。

我的人生和其他人一樣，有許多跌宕起伏。有些人的人生擁有比較多激情的高峰，有些人的人生則擁有比較多戲劇化的低谷。無論是怎樣的人生，我們都在努力活著。既然我們都在努力生活，那不如就在生活中找到一些快樂吧。如果你能找到這種珍貴的感覺，如果你能拒絕沉溺於過去做過的事與不按照計畫發展的事，如果你能停止把自己拿去和別人比較，如果你能制止自己對自己的「平凡」感到遺憾，那麼你就能發自內心地微笑。你可能會因此而長出一、兩條皺紋，但長皺紋也是很正常的事，你也只是個平凡的人類。接受自己的平凡，不代表停止前進。感到安適不代表停止前進，這只代表你在目前所在的位置找到快樂。這並不代表你不會在未來的人生中找到更多快樂。你當然會找到更多快樂，但你在這段旅途的過程中也同樣會是快樂的，你現在就是快樂的。

無論何時，只要我一感覺到快樂，我就會想慶祝這種情緒。就算我當下所處的位置可能不是過去預期的位置，就算我可能永遠也無法抵達我想去的地方，但管他的，我會不斷嘗試，接受各種失敗和成功，並在過程中對我有所成就的每件事保持微笑。

我完成了一件事！

結語
你可以照自己的方式來

各位終於把這本書讀完了，恭喜！又是一個你能引以為豪的平凡成就。拍拍自己的背，喝杯紅酒，休息一下，打開Netflix看一部影集。無論你用什麼方式慶祝都沒關係，只要願意向自己承認，沒錯，你是個普通人——但也正因為你是個普通人，所以你也是個超棒的人。

讓我們在此為這本書做個總結，簡單描述來龍去脈吧。

平凡不代表糟糕

平凡不代表你失敗了，也不代表你沒有價值。沒錯，你可能永遠也不會成為億萬富翁。沒錯，你可能永遠也不會成為名人。沒錯，儘管你希望未來能進入某個領域工作，但可能一點也不擅長那份工作需要的技巧。但你有一份工作，你有一些錢，你有數量適中的朋友和家人。

你的人生和小時候的想像不同，當你的幼稚園老師詢問同學們長大後想做什麼的時候，你想像的不是這樣的光景，但那也沒關係。過去應該要有人告訴你，你的夢想只是胡說八道（至少在我說想當一隻貓和想出名時，我的父母曾對我這麼說過，感謝他們），預先為你未來的跌倒鋪下防摔軟墊，但多數人小時候都沒有這樣的經歷。

要是在小孩子長大的過程中，有人能教導他們可以只為了快樂的平凡生活而努力的話，或許這個社會就會更美好。要是人們能夠不再認定唯有達成夢想才算成功，或許他們就不會在無法達成夢想時，覺得自己是個失敗者。夢想會不會在未來成真呢？當然有可能。但如果夢想沒有成真的話，你是不是個爛人呢？當然不是。你只是個普通人。你已經表現很不錯了。

你不需要成為碧昂絲，也能有所成就

普通人也一樣能有所成就。不，我們可能沒辦法在各方面都表現得超讚，但我們可以偶爾完成一些超讚的小事。我們並不完美，但可以偶爾覺得一切都很完美。

如果你把自己的生活拿去和碧昂絲（或者其他在許多方面都獲得極高成就的知名人士）的生活做比較的話，可能會覺得自己的生活看起來沒那麼好。但是，這並不代表你的生活不好。你只是在出生時，沒有成為前百分之一的天才，他們擁有驚人的天賦與意志力，可以靠著他們想做的事，和全世界分享他們的天賦。具體來說，你只是個普通人。

但身為普通人，並不代表你不能有所成就。或許和碧昂絲比起來，你的成就沒那麼傑出（這也很難說啦），但你可以調整心態，把這些成就視為傑出的成就。說到底，這才是最重要的。

有時候，當個普通人勝過當個不凡的人

有時候，「傑出」就像騙局。首先，成功會為你帶來超多責任。就像是你的財產愈多時，遇到的問題也會愈多。如果你的財產變多，你要處理的事情也會變多，無論是要做你用來賺進高額薪水的工作，或者是要為了保持資產而處理的各種稅務問題，又或者是要面對那些在你中了樂透之後突然冒出來的遠親（我猜只要有人中了樂透，就一定會遇到這種事）。

而且問題不只是錢而已。傑出的人通常必須做些超瘋狂的事，例如每天早上四點起床開始一整天的行程。敬謝不敏。

為了擁有傑出的身體，他們維持嚴格的飲食習慣，幾乎不能吃披薩和薯條這類食物。我想，我還是維持現在這樣就行了。

他們付高額薪水給個人健身教練，讓教練對著他們大吼大叫直到他們練出理想的體態。嗯，我還是維持現在這樣就好。我想去上芭蕾瑜珈的時候就去上課，不想去的時候就窩在沙發裡。

如果他們是名人的話，那麼他們每次離家都必須帶上隨行人員。過上那種生

活後，我就不能在周六早上自己跑去百貨公司，自在地推著購物車在居家用品區亂逛，也不能在沒人注意的狀況下把商品放進或拿出購物車了。如果你是個名人，其他人一定會注意到你的舉動，更不用說你很可能會因為太過傑出，所以根本沒有時間做這種事。

當個普通人代表的是你可以做你想做的事，不用擔心其他人對你抱持超高期待。你只要做自己就好。又要這樣就很好了。

有動力為了達到傑出成就而付出更多努力

當你覺得自己很重要的時候，就會預期自己能輕而易舉地獲得各種事物。但是，當你接受自己不特別時，反而會比較願意為了想要的事物而努力。

你不會抱怨自己的工作，也不會疑惑為什麼公司沒有因為你每天準時上班並做到他們要求你做的事而為你升職。你只有在真的做了很傑出的事情並覺得自己值得的時候，才會要求升職，而且你知道，就算他們拒絕你的要求也沒有關係。你現在已經足夠好了。你終究會達成目標。

你不會枯坐在家，思考你為什麼覺得自己沒朋友，或者你為什麼沒有交到新朋友。你會去和其他人打交道，無論結果如何，你都會很滿意自己已經努力嘗試過。

你知道你只是一個普通人，在一個普通的世界中過著普通生活，如果你想要脫離平庸，你最好認真工作（抱歉，我太愛布蘭妮〔Britney Spears〕，很想把歌詞放在這裡）。

當你全心接受自己的平凡，成功的滋味將會顯得更甜美

如果你這輩子的每一刻都非常傑出的話，你怎麼會覺得傑出的時刻很特別？如果你人生中的每一刻都一樣棒的話，這些傑出時刻又怎麼會顯得獨特？人生中必須有低谷，才能有相對的高峰。請想像一張曲線圖表，如果曲線沒有向下出現低點的話，就不會有高點了。這條線會是一條直線，宛如一條直線的人生有何樂趣可言？

成功的重點不在於你在其他人眼中是什麼樣子。若你在其他人眼中很傑出的

話，你當然會覺得很開心；但如果與此同時，你卻不覺得自己很傑出的話，那這一切又有何意義呢？

讓我們以樂壇天后泰勒絲（Taylor Swift）為例。她很清楚自己過的是非凡的人生。她很清楚自己在這個處處都是平民的世界中是個傑出的人。但你覺得她努力錄製專輯時，是想要做出和上一張專輯一樣好的作品，而不是超越嗎？還是你覺得她一直都在努力做得更好？她的普通水準比我們的要高出太多了，換句話說，當她做的事在我們這些普通人眼中代表成功時，在她眼中可能一文不值。

我真的確定上面這段話是事實嗎？當然不確定。但是，我們可以合理推測，相較於成功帶給我們的快樂，成功帶給她的快樂程度或許已經變得沒那麼高了。

另一個類比：我住在新英格蘭（New England），我們贏過世界盃冠軍，而且不只贏過一次，是贏過很多次（如果你決定要現在闔上這本書的話，請讓我抓緊時間在這裡感謝你閱讀，再會了）。我可以用親身經歷告訴你，勝利對我們來說已經沒那麼開心了，不過就算沒那麼開心，也仍然是一種開心的感覺。對我們來說，贏得比賽是稀鬆平常的事。有些球隊會因為獲得超級盃的參賽資格而慶祝，就算在打超級盃時輸了，他們也很開心；但有些新英格蘭愛國者隊（New England Patriots）的球迷會因為球隊打進超級盃卻沒有贏而勃然大怒。我的意思並不是說我希望能回到我們贏得冠軍的次數比較少、名次也比較落後的時代，但我可以告訴你，第一次為了勝利而遊行的心情，絕對比第五百次還要更興奮。次數多了之後，我們當然還是一樣開心，只是沒那麼激動了。

只要能達成目標，就可以感到滿意

平凡代表的就是足夠好。平凡也代表你很清楚其他人對你的預期就是足夠好，而不是更高的期待。

如果你做的只是足夠好的話，怎麼會期待別人為你慶祝呢？畢竟其他人本來就預期你會做得足夠好，不是嗎？公司雇用你或其他人找你幫忙的時候，不就是希望你拿出足夠好的表現嗎？你只是做好身為員工、家長、配偶與朋友該做的事而已，為什麼覺得自己應該因此受到讚美呢？你為什麼要為了使其他人覺得你很厲害，而執著於在每件事情上都超越自己呢？

如果你在某件事上表現得很傑出，你當然有可能會因為表現得高於預期而獲得認可，但不應該總是以此為努力的目標。你應該要把目標放在足夠好上，只要能達成自己訂下的目標，就可以感到滿意。這種心態就像是新的「希望能得到最好結果，並為最糟結果做好準備」。希望能達成傑出成果，並為足夠好的結果做好準備。

你可以自己定義你的平凡

身為普通人，代表的是你很平凡。你和其他人一樣。但與此同時，每個人都是不一樣的。這不就代表身為普通人的你是與眾不同的嗎？若是如此的話，那麼無論你如何定義平凡，你的平凡都是獨一無二的，不是嗎？

答案是肯定的。正如我們先前討論過的，泰勒絲的平凡和你的不一樣，碧昂絲的平凡也和你的不一樣。我要在此大膽做出這個假設：泰勒絲的平凡和碧昂絲的平凡，兩者間也是不一樣的。

無論你是誰，你對平凡的定義都取決於如何看待自己在這個世界中的定位。

但有些事物的本質與表象截然不同。此外，在每個人眼中，許多事物會呈現出不同樣貌。這就是為什麼你在定義平凡的時候，只需考慮你自己，畢竟你定義的是只屬於你的平凡。

你的平凡應該很普通，應該是你每天在無敵的成功與微小的成就之間努力取得的快樂平凡生活。你的平凡中應該包含一些成就，但把重大成就放在平凡之外，當做努力的目標吧。**你不該把平凡視為不夠好，而應該視為足夠好**。你已經足夠好了。若你下次又覺得平凡很糟的時候，請提醒自己，平凡代表足夠好了。

平凡一點也不糟糕。成功有可能是一種負擔，而平凡其實超讚。

國家圖書館出版品預行編目 (CIP) 資料

他們很厲害，但我無敵可愛！/ 薩曼莎．馬特 (Samantha Matt) 作；聞翊均譯．-- 初版．-- 臺北市：今周刊出版社股份有限公司，2023.12
面；　公分．--（社會心理；39）
譯自：Average is the new awesome : a manifesto for the rest of us
ISBN 978-626-7266-49-6（平裝）

1.CST: 自我肯定 2.CST: 自我實現

177.2　　112018503

社會心理39

他們很厲害，但我無敵可愛！

Average is the New Awesome: A Manifesto for the Rest of Us

作　　者　薩曼莎・馬特（Samantha Matt）
譯　　者　聞翊均
總 編 輯　許訓彰
責任編輯　陳家敏
封面設計　木木Lin
內文排版　簡單瑛設
校　　對　吳昕儒、許訓彰

行銷經理　胡弘一
企畫主任　朱安棋
行銷企畫　林律涵、林苡蓁
印　　務　詹夏深

發 行 人　梁永煌
社　　長　謝春滿

出 版 者　今周刊出版社股份有限公司
地　　址　台北市中山區南京東路一段96號8樓
電　　話　886-2-2581-6196
傳　　真　886-2-2531-6438
讀者專線　886-2-2581-6196轉1
劃撥帳號　19865054
戶　　名　今周刊出版社股份有限公司
網　　址　http://www.businesstoday.com.tw

總 經 銷　大和書報股份有限公司
製版印刷　緯峰印刷股份有限公司
初版一刷　2023年12月
定　　價　360元